Drogen-Kabbala für Anfänger

Eine Landkarte der Erlebnisse
mit Drogen und Meditationen

Kontakt: www.HarryEilenstein.de
            Harry.Eilenstein@web.de
            Harry Eilenstein bei youtube

Herstellung und Verlag: BoD – Books on Demand, Norderstedt

ISBN: 9783755776659

Ich danke allen,
die mir ihre Drogen-Erfahrungen eingehend beschrieben haben
und die Traumreisen mit mir unternommen haben –

ohne euch wäre dieses Buch nicht möglich gewesen!

Inhaltsverzeichnis

I Drogen, Kabbala und Meditation

Was haben Drogen mit der Kabbala zu tun?

Drogen sind Substanzen, die das Bewußtsein verändern – die Kabbala ist ein altes jüdisches System, das „Gottes Anatomie" und dem Weg des Menschen in Ritual, Gebet und Meditation und zu ihm beschreibt. Somit sind sowohl Drogen als auch die Kabbala etwas, was sich mit den Zuständen des Menschen und vor allem mit seinem Bewußtsein befaßt.

Das zentrale Symbol der Kabbala ist der „Lebensbaum", der eine komplexe Struktur aus ca. 40 Elementen ist. Diese Struktur läßt sich in allen Dingen wiederfinden – vom Aufbau eines Staubsaugers oder eines Autos über die Struktur des Klassischen Balletts oder der Deutschen Verfassung bis hin zum Aufbau einer Zelle oder der Dynamik der Evolution. Der Lebensbaum ist sozusagen die „Struktur der Welt" – eine deutliche komplexere Struktur als z.B. das chinesische Yin/Yang-System oder die anthroposophische Dreigliederung.

Es ist anzunehmen, daß sich auch die Wirkungen der Drogen in dieses System einordnen lassen – und daß diese Wirkungen dadurch besser verständlich und ihre Vielfalt übersichtlicher werden.

Die klassische Methode, um die verschiedenen Bereiche auf dem Lebensbaum erleben zu können, sind Meditationen und Traumreisen. Diese Methoden hat zum Beispiel der Prophet Elias an einem einsamen Ort in einem Nebental des Jordan angewendet. Dieselben Methoden sind jedoch auch von Yogis, Lamas, Indianern, afrikanischen Medizinmännern usw. bekannt.

Da die Erfahrungen von Menschen, die Drogen erforscht haben, und die Erfahrungen von Menschen, die meditiert und Traumreisen unternommen haben, ausgesprochen ähnlich sind, kann man berechtigterweise davon ausgehen, daß die Erfahrungen, die man mithilfe von Drogen machen kann, bereits im Wesen des Menschen angelegt sind – und daher auch ohne Drogen erreichbar sind.

Ich selber kannte mit Anfang Zwanzig hauptsächlich Menschen, die mit Drogen experimentiert haben, während ich selber nur meditiert habe. Trotzdem konnte ich viele Erfahrungen, die ich erzählt bekommen habe, wiedererkennen und sie durch Details aus meinen eigenen Erfahrungen ergänzen. Das hat mich in meiner damaligen Vermutung bestärkt, daß Drogen nicht das Bewußtsein in unnatürlicher Weise verändern, sondern daß sie so etwas wie Türöffner zu Bereichen der Psyche sind, die meistens verborgen oder verschlossen sind.

Da meine Bekannten, mit denen ich mich damals oft im Godesberger Stadtpark getroffen habe, es komisch fanden, daß ich ihre Drogenerfahrungen offenbar kannte, aber selber nie Drogen nahm, kam das Gerücht auf, daß ich ein Ex-Junkie oder etwas ähnliches sein mußte, der nun für das Drogendezernat arbeitet …

In einigen Fällen habe ich auch zusammen mit Menschen Traumreisen unternommen oder meditiert, die anschließend gesagt haben, daß das Erlebnis während der Traumreise bzw. der Meditation genau ihren Erfahrungen mit einer bestimmten Droge entsprochen hat. Die Erlebnisse dieser Menschen während der Meditation bzw. während der Traumreise entsprachen auch meinen eigenen Erfahrungen mit dieser Meditation bzw. Traumreise.

Eine große Hilfe bei dem Vergleich von Drogen-Erlebnissen mit Meditations-Erlebnissen ist auch die psychedelische Kunst, d.h. vor allem Bilder, in denen Künstler ihre Drogen-Erlebnisse dargestellt haben. Auch diesen Künstlern ist zum Teil aufgefallen, daß sie dieselben Erlebnisse durch Drogen und durch Meditation erlangen können.

Insbesondere das Buch „Psychedelische Kunst" von Masters und Houston ist in diesem Zusammenhang sehr empfehlenswert.

Mir schien die Meditation und insbesondere die Traumreisen ein sicherer Türöffner zu diesen Bereichen des Bewußtseins zu sein, da sie legal sind, keine psychischen oder physischen Nebenwirkungen haben, kostenlos und jederzeit verfügbar sind und auch sonst noch einige Vorteile haben.

Gut – Drogen kann man einfach schlucken und los geht's … Meditieren und Traumreisen muß man erst einmal lernen. Aber mit den passenden Anleitungen ist das auch nicht so derartig schwierig.

Der größte Vorteil von Meditation und Traumreisen gegenüber den Drogen ist meines Erachtens, daß man beim Meditieren die ganze Zeit die Hand am Steuerruder seines Schiffes hat und auch jederzeit wieder heimsegeln kann – was unter dem Einfluß von Drogen nicht möglich ist.

Die Anwesenheit des entscheidenden und lenkenden Bewußtseins in der Meditation und auf Traumreisen ermöglicht es, das dabei Erlebte zu erinnern, zu integrieren und zu dem eigenen Handwerkszeug zu machen und somit zu einer Fähigkeit, die einem die meiste Zeit zur Verfügung steht.

Diese Integration fördert die Eigenständigkeit, während Drogen in vielen Fällen die Tendenz zu Abhängigkeit und Unselbständigkeit fördern.

Ein Vorteil von Drogen – zumindestens für manche Menschen – ist, daß sie sehr plötzlich und heftig wirken können und daß sie keinerlei eigene Bewußtseins-Tätigkeit erfordern, sondern eben nur die Einnahme der Droge.

Aber ich will hier kein Urteil darüber fällen, welche Methode besser ist – beides hat Vor- und Nachteile – ich möchte lediglich die Zusammenhänge zwischen Meditation und Traumreisen auf der einen Seite und Drogen auf der anderen Seite deutlich machen sowie die Vielfalt der Drogen und ihrer Wirkungen mithilfe des Lebens-baumes als ein einheitliches und in sich schlüssiges System zeigen.

Ein weiterer wichtiger Aspekt bei der Einnahme von Drogen ist noch der Rahmen, in dem sie verwendet werden. Eine Kultur, in der eine Droge in einem rituellen Rah-men unter der Leitung von sachkundigen „Medizinmännern" genommen wird, kann anders wirken und ist ungefährlicher als das Freistil-Experiment eines Einzelnen mit verschiedenen Drogen, Drogen-Mischungen und Dosierungen.

Doch auch hier ist es wieder die Frage, was der Betreffende erreichen will – davon hängt seine Wahl der Methode ab.

Im Folgenden finden sich insbesondere ab Kapitel noch viele weitere Details zu den hier angeschnittenen Themen.

II Drogen

Das Wort „Droge" hat ursprünglich einfach nur „Arzneimittel" bedeutet – daher auch das Wort „Drogerie", das ursprünglich einmal mit „Apotheke" weitgehend gleichbedeutend gewesen ist. Das Wort „Droge" stammt vom niederländischen „droog" (plattdeutsch „dröge") für „trocken" und bezieht sich offensichtlich auf getrocknete Kräuter.

Drogen im Sinne von „auf das Bewußtsein einwirkende Stoffe" sind jedoch nicht nur getrocknete Kräuter, sondern auch Pflanzensäfte, Pilze sowie chemische Stoffe.

Die Wirkung von Drogen kann sehr verschieden sein und auch die Reaktion der verschiedenen Menschen auf eine Droge kann individuell ausfallen. Weiterhin ist die Dosierung wichtig, da manche Drogen in zu hoher Dosierung tödlich sind.

Die meisten Drogen, die aus Pflanzen oder Pilzen hergestellt werden, haben auch einen traditionellen Rahmen, in dem sie verwendet werden bzw. verwendet worden sind. Innerhalb dieses traditionellen Rahmens findet sich eine mehr oder weniger große Sachkenntnis über die Anwendung und Wirkung der entsprechenden Droge. Drogen, die in einem spirituellen Rahmen verwendet werden, werden auch „Entheogene" genannt.

Für die chemisch hergestellten Drogen trifft dies natürlich nicht zu – bei ihnen gibt es nur die Erfahrungen, die die Menschen seit der Synthetisierung dieser Droge mit ihr gemacht haben. Lediglich das LSD hat eine Entheogen-ähnliche Stellung.

Es gibt auch Zwischenformen zwischen Natur-Droge und synthetischer Droge wie das Mutterkorn in der Roggenähre, aus dem das LSD extrahiert werden kann – Mutterkorn und LSD haben eine sehr ähnliche, aber nicht genau gleiche Wirkung.

Die gesellschaftliche Bewertung einer Droge und somit auch ihre rechtliche Einstufung hat sich in den meisten Fällen im Laufe der Zeit sehr stark verändert.

Manche Drogen sind im Kult üblich gewesen, wurden verboten, waren nur als Arzneimittel zugelassen, wurden wieder erlaubt, sind in der einen Kultur hoch angesehen, aber in der anderen verteufelt usw.

Es gibt heutzutage sogar eine Art Wettlauf zwischen der Entdeckung neuer Drogen durch findige, experimentierfreudige Köpfe und dem Verbot dieser Drogen durch den Staat statt.

Diese komplexe Rechtslage sollte man bei Experimenten mit Drogen zumindestens im Blick behalten.

Viele Drogen haben einen Effekt, der von Meditationen nicht bekannt ist: der „Drogen-Kater", der dem „Kater" gleicht, der nach einem größeren Alkoholkonsum auftritt. Dieser „Kater" ist in den meisten Fällen das Gegenstück zu der Wirkung der

Droge:

- macht die Droge aktiv, ist man anschließend passiv;
- mobilisiert die Droge Kraftreserven, ist man anschließend erschöpft;
- macht die Droge fröhlich, ist man anschließend gedrückt;
- macht die Droge entspannt, ist man anschließend unruhig;
- macht die Droge erfüllt, fühlt man sich anschließend leer;
  usw.

Dieser „Drogen-Kater" entsteht dadurch, daß man den Körper und die Psyche aus dem normalen Ablauf der inneren und äußeren Prozesse heraus in eine bestimmte Richtung verschiebt – das bewirkt, daß diese Seite anschließend erschöpft ist und man daher eine ähnlich große Bewegung in die Gegenrichtung erlebt.

Dieser „Drogen-Kater" fällt bei den verschiedenen Drogen nicht nur ihrer Wirkung entsprechend qualitativ verschieden aus (Verstimmung, Erschöpfung, Leere usw.), sondern auch von seiner Intensität her.

Dieser „Drogen-Kater" wird bei manchen, aber nicht allen Drogen auch noch durch die Spätwirkungen der Droge oder ihrer Abbauprodukte verstärkt.

Mithilfe der Kirlian-Photographie (Hochspannungs-Photografie) läßt sich zeigen, daß Drogen die Art der „elektrischen Aura" verändern. In der Regel sind dies Lücken in der „elektrischen Aura", die bei dieser Methode photographiert wird.

Es ist nicht bekannt, daß durch Meditationen ähnliche Lücken oder Löcher in dem photographierten elektrischen Feld entstehen.

Die Kirlian-Photographie ist als Diagnose-Methode jedoch noch immer ziemlich umstritten.

Ein sehr großer Teil der Drogen wirkt über die biochemische Einflußnahme auf die Rezeptoren zwischen den einzelnen Nervenzellen, d.h. die Drogen verändern den Fluß der Elektrizität in den Nerven und im Gehirn.

Dieser biochemische Aspekt der Drogenwirkung erklärt natürlich nicht solche Erlebnisse wie z.B. eine Astralreise – sie zeigt nur die biochemische Seite dieser Vorgänge auf, die auch vorhanden ist.

Die Bewertung des Realitätsgehalts von Erlebnissen unter Drogen ist oft eine schwierige Angelegenheit – was in gleichem Maße auch für Meditations-Erlebnisse gilt.

- - -

Im folgenden sind die Drogen ihrer Hauptwirkung nach in zehn Kapitel eingeordnet worden. Die meisten Drogen haben zwar mehrere Wirkungen, aber da in der Regel ein Merkmal am auffälligsten ist, kann die Sortierung in den folgenden zehn Kapiteln schon einmal einen ersten groben Überblick über die möglichen Wirkungen von Drogen geben.

Es werden nur die bekannteren psychoaktiven Substanzen aufgeführt, da dieses Buch keine dicke Enzyklopädie über alle Arten von Drogen werden soll. Die im Folgenden aufgeführten Drogen stellen lediglich eine repräsentative Auswahl dar.

1. Entspannende bis betäubende Drogen

Diese Gruppe macht einen großen Anteil an den bekannten Drogen aus. Sie beginnen mit den Mitteln, die ganz einfach eine entspannende und entkrampfende Wirkung haben, und reichen über die schmerzlindernden Substanzen bis hin zu den Betäubungsmitteln, die bei Operationen verwendet werden.

a) Baldrian
(Valeriana officinalis)

Diese 1-2m hohe Pflanze stammt aus Europa und Westasien.

Der Pflanzenfarbstoff Linarin hat die von Baldrian gut bekannte beruhigende und einschläfernde Wirkung („Baldrian-Tropfen").

b) Bittersüßer Nachtschatten
(Solanum dulcamara)

Diese krautige oder verholzende Rankenpflanze wird 8-10m lang, hat an einem Blütenstand bis zu 40 purpurne, violette oder weiße Blüten, die 1,5cm lange Kelchröhren bilden. Die 1cm langen Beeren sind rot. Sie stammt aus Europa und Asien – in Nordamerika ist sie eingeführt worden.

Alle Pflanzenteile enthalten Steroidal-Alkaloide und Saponine sowie viele andere psychoaktive Stoffe, deren Konzentration in den grünen und gelben Beeren am höchsten ist – in den reifen Beeren ist sie geringer.

Der Bittersüße Nachtschatten wurde früher als Tabak-Beigabe verwendet, was heute jedoch nicht mehr zulässig ist. 30-40 Beeren, manchmal auch schon weniger, sind für Kinder tödlich.

Die Pflanze wurde im Mittelalter als Schmerzmittel verwendet.

c) Schlafmohn
(Papaver somniferum)

Schlafmohn ist eine einjährige Pflanze, die 0,5-1,5m hoch wird und eine weiße bis violette Blüte hat. Eine einzelne Samenkapsel enthält über 100 Samen.

Der Milchsaft, der aus der unreifen, angeritzten Samenkapsel rinnt und getrocknet wird, ist das Opium.

Der früheste Hinweis auf Schlafmohn als Nutzpflanze stammt von 5200 v.Chr. In Vorderasien ist Schlafmohn seit 3500 v.Chr. als Kulturpflanze nachweisbar. Die ersten Opiate sind aus dem alten Ägypten aus der Zeit um ca. 1800 v.Chr. bekannt. Die frühesten Funde von Schlafmohn bzw. des aus ihm gewonnenen Opiums auf Zypern stammen von 1200 v.Chr. Im Römischen Reich war Schlafmohn eine Wohlstandsdroge: Um 214 n.Chr. wurden in einer Inventur 17t Opium aufgeführt. Seit ca. 100 n.Chr. wird Schlafmohn auch in China angebaut und zu Opium weiterverarbeitet.

Heute wird Opium vor allem in Afghanistan und im „Goldenen Dreieck" (Myanmar, Laos und Thailand) hergestellt. 2021 betrug die Opiumproduktion mehr als 10% des Bruttosozialprodukts von Afghanistan.

Schlafmohn wirkt – wie der Name schon sagt – beruhigend, einschläfernd und schmerzlindernd.

d) Opium

Opium wird aus dem Milchsaft der unreifen Samenkapsel des Schlafmohns gewonnen und wird daher auch „Mohnsaft" genannt. „Opium" ist griechisch und bedeutet schlicht „Saft".

Opium enthält 37 Alkaloide, von denen Morphin mit einem Anteil von 12% das wichtigste ist.

Morphin ist eines der stärksten bekannten Schmerzmittel. Es dient auch als Schlafmittel sowie als Beruhigungsmittel bei Depressionen. Es kann auch einen Rausch hervorrufen. In der Antike und im Mittelalter war es eines der wichtigsten Schmerzmittel.

Zu den Langzeitschäden durch Opium gehören Abmagerung, Entkräftung, Kreislaufstörungen und Apathie. Bei einer Überdosierung tritt der Tod durch Atemlähmung ein.

Opium macht sehr stark abhängig.

e) Heroin

Heroin ist ein halbsynthetisches Opioid der Firma Bayer in Leverkusen. Wegen seiner hohen Gefahr der Bildung von Abhängigkeiten ist Heroin seit ca. 1930 in den meisten Ländern auch als Medikament verboten. Seit einigen Jahren ist es jedoch in manchen Ländern wieder als Medikament erlaubt.

Es gibt aus drei Gründen einen florierenden illegalen Heroin-Handel: 1. Heroin macht sehr stark süchtig 2. die Dosis muß immer weiter gesteigert werden, damit sie wirksam ist, und 3. ist Heroin verboten.

Heroin wird aus dem Saft des Schlafmohns (Opium) hergestellt. Dieses Medikament wirkt sehr stark schmerzstillend. Die Gefahr einer tödlichen Dosis („Goldener Schuß") ist sehr groß, da von allen Drogen bei Heroin der Abstand zwischen wirksamer und tödlicher Dosis am geringsten ist.

Bereits nach 10 Stunden treten Entzugserscheinungen auf, die zwar nicht gefährlich, aber sehr unangenehm und körperlich anstrengend sind.

Diese Droge wirkt euphorisierend und schmerzblockierend. Sie verlangsamt die Atmung, wodurch die Gefahr des Todes durch einen Atemstillstand entsteht.

Der Tod durch Heroin tritt oft bei der Kombination von Heroin mit anderen Drogen auf – besonders gefährlich ist die Kombination des beruhigenden Heroins mit dem anregenden Kokain. Die Sterblichkeit erhöht sich durch den Gebrauch von Heroin um das 30-fache, Selbstmordrate um das 15-fache. In der BRD gibt es jährlich ca. 500 Todesfälle durch Heroin plus ca. 300 Todesfälle durch Heroin in Kombination mit anderen Drogen.

Meist wird Heroin intravenös eingenommen („fixen"), es wird aber auch geraucht, geschnupft und selten auch oral eingenommen (die orale Einnahme verzögert den Beginn der Wirkung).

f) Kratom
(Mitragyna speciosa)

Kratom ist ein 10-25m hoher Baum, der außer „Kratombaum" auch „Mitragynin" und „Roter Sentolbaum" genannt wird. Er stammt aus Melanesien (Inseln im Nordosten von Australien).

Die Wirkstoffe sind Mitragynin und Hydroxymitragynin. Sie sind bisher nur von dieser Pflanzenart bekannt.

Die Blätter werden als Rauschdroge und als Medikament verwendet. Früher wurde diese Pflanze auch geraucht, was heute jedoch nicht mehr üblich ist.

Kratom wirkt beruhigend und macht schmerzunempfindlicher. Die Wirkung von

Kratom in Bezug auf Schmerzen ist dreizehnmal stärker als die von Morphin.

Es besteht zwar keine Suchtbildung, aber als Entzugssymptome treten u.a. Wut, Anspannung, Trauer und Zittern auf, also die Gegen-Phänomene der beruhigenden Wirkung des Kratoms. Bei langanhaltendem Gebrauch tritt eine Abmagerung ein.

Der Besitz und Gebrauch von Kratom ist in der BRD legal.

g) Rispenblütriger Celastrus
(Celastrus paniculatus)

Diese Spindelbaumgewächs stammt aus Asien und Australien. Der Celastrus ist ein lianenartiger Strauch mit bis zu 23cm dickem Stamm und mit bis zu 10cm langen Blüten.

Die Samen bestehen zu über der Hälfte aus Öl. Manche dieser Öle haben eine deutlich beruhigende und streßabbauende Wirkung.

h) Benzodiazepine

Diese oft kurz „Benzos" genannte Medikamentengruppe, von der viele verschiedene Varianten in Umlauf sind, wirkt angstlösend, beruhigend, Muskel-entspannend, schlaffördernd bis betäubend, manche auch krampflösend (Antiepileptika) und auch schmerzstillend, amnesisch (die Erinnerung schwächen) sowie leicht stimmungsaufhellend bis euphorisierend (manchmal jedoch auch depressionsverstärkend). Sie sind auch ein Notfall-Mittel bei Epilepsie.

Sie sind zwar ungefährlicher in der Anwendung als Barbiturate, aber es besteht eine hohe Gefahr der Abhängigkeit und es wird auch schnell eine Toleranz gegen die Benzos entwickelt, d.h. ihre Wirkung läßt bei regelmäßiger Einnehme nach.

Diese Medikamentengruppe unterliegt in der BRD dem Betäubungsmittel-Recht.

2. Anregende und stärkende Drogen

Hier findet sich ein weiterer großer Anteil an Drogen, deren Funktion es ist, die physische und psychische Leistung zu steigern – was anschließend in den meisten Fällen zu Erschöpfungszuständen führt, da man durch diese Drogen die „stillen Reserven" des Körpers verbraucht, die sonst nur in Notfällen mobilisiert werden.

a) Virginia-Tabak
(Nicotiana tabacum)

Virginia-Tabak ist der wichtigere der beiden zum Rauchen verwendeten Tabaksorten. Die Pflanze ist in Südamerika heimisch, vereinzelt auch in Nordamerika und Australien.

Es werden pro Jahr ca. 7,4 Millionen t Tabak produziert. Den größten Anteil daran hat China mit 3,2 Millionen t, das sind 43% der Gesamtproduktion.

Der Wirkstoff ist das Alkaloid Nicotin, das anregend wirkt, aber süchtig macht.

Tabak wird gekaut, gegessen, geschnupft, geraucht, auf den Körper gerieben usw.

Der Gebrauch von Tabak ist in Amerika ist ab 300 v.Chr. nachgewiesen. Tabak wird von den Indianer in Mittelamerika bei spirituellen Ritualen verwendet. Die Indianer in der nordamerikanischen Prärie verwenden jedoch Süßgras und Salbei.

Tabak wird erst seit Columbus auch als Genußmittel verwendet.

Der UNO zufolge gibt es jedes Jahr ca. 6 Millionen Tote, die an den Folgen von Tabak-Genuß sterben – davon sind 10% Passivraucher.

b) Bauern-Tabak
(Nicotiana rustica)

Dieses Nachtschattengewächs ist die andere der beiden Tabak-Sorten, die zum Rauchen verwendet werden. Er wird wegen seiner Form auch „Rundblatt-Tabak" und wegen seines Geruchs auch „Veilchen-Tabak" genannt.

Er ist eine einjährige, krautige, meist 40-60 cm hohe Pflanze, deren Kelchblüten in Rispen stehen.

Der Bauern-Tabak ist ein Entheogen aus dem nordwestlichen Amazonas-Gebiet. Er wuchs ursprünglich im Grenzgebiet von Bolivien, Peru und Ecuador. In Europa wird er seit dem 30-jährigen Krieg angebaut. In Deutschland kommt er auch in verwilderter Form vor.

Der Bauern-Tabak hat einen sehr hohen Nikotin-Gehalt, der auch sein Hauptwirkstoff ist. Er ist anregend.

Er wird von den Schamanen in Südamerika bei Heilungen verwendet. Der „Tabak-Elf" wird dort als einer der mächtigsten Pflanzengeister angesehen.

c) Kaffee
(*Coffea*)

Die Kaffee-Pflanze stammt aus Afrika: aus Kaffa in Südwest-Äthiopien. Kaffee wird heute in vielen Ländern angebaut.

Für die Herstellung von Kaffee werden die Bohnen geröstet, gemahlen und gekocht.

Durch das in den Bohnen enthaltene Koffein wirkt Kaffee anregend und hält wach. Der mäßige Genuß von Kaffee verlängert das Leben, schützt vor Depressionen, vermehrt aber auch durch seine anregende Wirkung die Neigung zu Angststörungen. In großen Mengen getrunken bewirkt Kaffee jedoch Konzentrationsstörungen, Hyperaktivität und Einschlafstörungen.

Die Jahresproduktion von Kaffee beträgt 10 Millionen t. Davon werden 30% in Brasilien, 15% in Vietnam und 10% in Kolumbien produziert – die restlichen 45% in anderen Ländern.

d) Kakao
(Theobroma cacao)

Aus den Früchten des aus Mittel- und Südamerika stammenden Kakaobaums wird das Kakao-Pulver hergestellt, aus dem dann Kakao-Getränke, Schokolade und alkoholische Getränke hergestellt werden. Der aztekische Name „Schokolade" bezeichnete eigentlich das Kakao-Getränk, da sich dieses Wort aus „xócoc" für „bitter" und „atl" für „Wasser" zusammensetzt.

Kakao wird seit mindestens 3300 v.Chr. im oberen Amazonasbecken und in Ecuador angebaut. Die Haupthersteller sind heute jedoch die beiden westafrikanischen Länder Elfenbeinküste und Ghana, die 70% des gesamten Kakaos produzieren.

Durch das in den Kakao-Samen enthaltene Koffein wirkt Kakao anregend.

e) Guaraná
(Paullinia cupana)

Dieses Seifenbaumgewächse aus dem Amazonasbecken ist ein immergrüner, verholzender, rankender Strauch, der 2-3m hoch wird, oder eine bis zu 12m lange Liane. Sie hat 20-35cm lange Blätter, kleine duftende Blüten und Kapselfrüchte mit 1-3 Samen, die 12mm lang sind. Die aufgesprungene Frucht sieht wie ein menschliches Auge aus. Die Samen sind nur 3 Tage lang keimfähig und vertragen keine Trockenheit.

Die Guaraná-Früchte enthalten 4-8% Coffein in der Trockenmasse und sind daher sehr anregend.

Guaraná wird als Nahrungsmittelergänzung, als Getränk (Samen zu Pulver zermahlen, zusammen Honig in Wasser auflösen) und als Guaraná-Paste wie Schokolade verwendet. Das Pulver wird auch medizinisch genutzt.

Guaraná ist anregend wie Kaffee, steigert die Leistung und dämpft Hungergefühle.

Bei einer Überdosierung entstehen Reizbarkeit, Schlafstörungen, Herzrasen, Kopfschmerzen und Zittern. Es kann auch ein Guaraná-Entzug auftreten.

f) Tee
(Camellia sinensis)

Die bis zu 8m hohen Teesträucher stammen aus Ostasien und werden bis zu 140 Jahre alt.

43% der gesamten Tee-Produktion, das sind 2,7 Millionen t, stammen aus China.

Der Hauptwirkstoff im Tee ist Koffein – die Wirkung ist daher anregend. Im Teeblatt ist bis zu 5% Koffein enthalten, was zwar ein höherer Koffein-Gehalt als bei Kaffee-Pulver ist, aber da Tee mit mehr Wasser aufgegossen wird als Kaffee, ist im Tee-Getränk schließlich doch weniger Koffein enthalten als im Kaffee-Getränk.

Tee ist primär anregend. Er hat jedoch noch viele weitere, meist jedoch nur mäßig starke Wirkungen. Interessant ist, daß Grüner Tee die Wirkung von Antibiotika deutlich verstärkt.

g) Kola
(Cola acuminata und Cola nitida)

Der Kolabaum stammt aus West- und Zentralafrika. Das Hauptanbaugebiet ist Nigeria. Die Kolanüsse sind ungefähr so groß wie eine Walnuß.

Der Hauptwirkstoff ist Koffein, von dem in der Frucht bis zu 3,5% enthalten sind. Kola wirkt anregend, schmerzlindernd und aphrodisierend.

Die Nüsse werden traditionell gekaut, um das Koffein aufzunehmen.

Das vom übermäßigen Kaffeekonsum bekannte Herzrasen tritt bei dem Genuß von Kola nicht auf.

Koffein, das aus der Kola-Nuß stammt, ist heute nur noch in wenigen Getränken erhalten, da es teurer ist als das Koffein, das bei der Herstellung von Koffein-freiem Kaffee als Nebenprodukt anfällt. Ursprünglich enthielt Coca-Cola Koffein aus der Kola-Nuß.

h) Koka
(Erytroxylum coca)

Der Kokastrauch ist ein Rotholzgewächs aus den Anden, wo es in einer Höhe von 300-2000m gedeiht. Koka ist ein immergrüner, 2,5m hoher Strauch.

Von dem Anbau von Koka entfallen auf Kolumbien 45%, Peru 40% und auf Bolivien 15%. Inzwischen gibt es auch einige kleine Anbauflächen in Indien und Afrika.

Koka enthält mehrere Alkaloide, von denen jedoch 75% auf das Alkaloid Kokain entfallen.

Koka, also Kokain, wird aus den Kokablättern gewonnen. Es hat ähnlich dem Koffein und hat ebenfalls eine anregend Wirkung. Koka hilft gegen Schmerzen, Hungergefühle, Müdigkeit und Kälte und es erleichtern das Atmen in großer Höhe.

Durch den Zusatz von Kalk wird das Suchtpotential von Koka neutralisiert – in reiner Form macht Kokain jedoch sehr schnell süchtig.

Koka wurde in den Anden im Kult zur Aufnahmen des Kontakts mit den Ahnen und den Göttern verwendet.

„Mate de Coca" ist das Nationalgetränk in den Anden. „Coca-Cola" wurde ursprünglich aus Koka-Blatt-Extrakten und Cola-Nuß-Extrakten hergestellt und enthielt folglich Kokain und Koffein.

i) Kava
(Piper methysticum)

Dieses aus dem Westpazifik stammende Pfeffergewächs ist ein 2-4m hoher Strauch. Die Pflanze wird auch „Kava-Kava", „Kawa-Kawa" oder „Rauschpfeffer" genannt.

Die Wirkung dieses Entheogens beruht auf den Piperin-Alkaloiden in der Pflanze. Kava wirkt entspannend, beruhigend, schmerzstillend, leicht euphorisierend, macht gesprächig, mindert Angst und Anspannung, bewirkt ein Wohlgefühl und fördert das klare Denken.

Anschließend an den Genuß von Kava schlafen die meisten Menschen gut. Dies ist der typische „Gegeneffekt" nach der eigentlichen Wirkung einer Droge: anschließend an die Aktivität gut schlafen = auf die Anregung folgt die Müdigkeit.

Kava wird aus der ganzen Pflanze, aber vor allem aus den bis zu 10kg schweren, saftigen Wurzelstöcke hergestellt. Die Pflanze wird dafür getrocknet und zermahlen und dann mit Wasser zu einem Getränk gemacht, das in Ritual und Kult verwendet wird. Traditionell wird Kava nur von Männern bei Initiationsritualen getrunken.

Bei Langzeit-Genuß oder Überdosierung kommt es zu Leberschäden mit teils tödlichem Verlauf.

j) Bio-Ecstasy

Bio-Ecstasy ist eine legale Koffein-haltige Mischung u.a. aus Guaraná und Ephedra, die leicht aufputschend wie Energy-Drinks wirkt.

k) Kath
(Catha edulis)

Der Kathstrauch ist die einzige Art in der Pflanzengattung der Spindelbaumgewächse. Er ist entweder ein 5m hoher Strauch oder ein 20m hoher Baum.

Er wird im Jemen, in Äthiopien, Somalia, Kenia und im Oman angebaut und ist dort eine Alltagsdroge. Er wird auch „Abessinischer Tee" genannt. Kath wird als Tee aus den Zweigspitzen und den jungen Blättern genossen.

Der Hauptwirkstoffe ist Cathin, der ein schwaches Amphetamin ist, das leicht stimulierend und berauschend wirkt. Kath steigert das Wohlgefühl und macht mitteilsamer, fröhlicher und wacher, weshalb Kath meistens in Gruppen konsumiert wird.

Nach etwa zwei Stunden treten jedoch eine Erschöpfung und eine depressive Verstimmung ein. Bei Dauerkonsum kommt es zu Schlafstörungen, Impotenz und unsozialem Verhalten. Der „Drogen-Kater" ist hier sehr deutlich als der Gegenpol zur Drogenwirkung erkennbar.

Kath verursacht zwar keine körperliche, aber eine psychische Abhängigkeit. Der ständige Genuß von Kath begünstigt Schlaganfälle und Herzerkrankungen.

Die Wirkung von Cathin (Kath) ähnelt dem Coffein (Kaffee, Kakao, Tee, Guaraná).

l) **Meerträubel**
(Ephedra)

Meerträubel bildet kleine blattlose Ruten-Sträucher. Manchmal nimmt sie auch die Gestalt einer Kletterpflanze an. Die Photosynthese findet in den grünen Zweigen statt – die Blätter sind zu Schuppen an diesen Zweigen umgewandelt worden.

Meerträubel kommt vom Fluß Amur in Sibirien über Arabien bis nach Portugal und bis nach Nordafrika sowie auf den Kanaren vor. Auf den Kanaren ist sie vermutlich vor langer Zeit eingeschleppt worden. In den USA, Mexiko und Südamerika ist sie ebenfalls eingeführt worden.

Die Pflanze enthält die beiden Alkaloide Ephedrin und Pseudoephedrin. Sie wirken anregend, stimulierend und leicht euphorisierend. Die Dosierung ist sehr schwierig, da die eine Pflanze das Hundertfache an Alkaloiden wie eine andere Pflanze enthalten kann.

Ephedrin ist die Grundlage für die chemische Droge Meth (Methamphetamin), die sehr toxisch ist und schnell abhängig macht.

Der sogenannten „Mormonen-Tee" besteht aus einem Meerträubel-Aufguß mit Zitronensaft – bei den Mormonen sind Alkohol, Kaffee und Schwarztee verboten.

In der traditionellen chinesischen Medozin (TCM) wird Meerträubel in Kombination mit anderen Kräutern gegen Lungenkrankheiten eingesetzt.

Die Droge ist verschreibungspflichtig, da die Gefahr der Bildung einer Abhängigkeit und folglich von Entzugserscheinungen besteht.

Meerträubel wird seit einigen Jahren auch recht billig in Afghanistan, das der Hauptlieferant mehrerer Drogen ist, angebaut.

3. Stimmungsaufhellende Drogen

Es gibt nur wenige Drogen, bei denen die Verbesserung der Stimmung die Hauptwirkung ist. Einige anregende Drogen wie Kava und einige Drogen wie Ecstasy, die auf die Gefühle wirken, haben auch eine stimmungsaufhellende Wirkung.

Eine pflanzliche Droge, die vor allem stimmungsaufhellend wirkt, ist z.B. das Echte Johanniskraut (Hypericum perforatum) – die Wirkung ist jedoch nicht sehr ausgeprägt, weshalb das Echte Johanniskraut normalerweise auch nicht zu den Drogen im Sinne von „psychoaktiven Pflanzen" gezählt wird.

Bei schweren und behandlungsresistenten Depressionen hilft manchmal auch Psilocybin. Siehe dazu den Abschnitt „psilocybinhaltige Pilze" in dem Kapitel über die Visions-verursachenden Drogen.

a) Antidepressiva

Antidepressiva sind eine Gruppe von Arzneimitteln, die gegen Depressionen, Zwangsstörungen, Panikattacken, Angststörungen, Phobien, Posttraumatische Belastungsstörungen, Eßstörungen, chronische Schmerzen, Entzugssymptome, Schlafstörungen, prämenstruelle Beschwerden u.ä. eingesetzt werden.

Diese seit 1950 im Umlauf befindliche Medikamentengruppe ist das am häufigsten ambulant verordnete Psychopharmaka. In Deutschland wird pro Jahr ca. 1,6 Milliarden mal eine Tagesdosis eingenommen – das sind im Schnitt 20 Tabletten für jeden Deutschen pro Jahr.

Die Wirkungen der einzelnen Mittel sind individuell sehr verschieden. Sie können stimmungsaufhellend, antriebssteigernd, antriebsneutral, antriebsdämpfend, beruhigend und angstlösend sein. Die volle Wirkung entfaltet sich in der Regel erst nach einigen Tagen der regelmäßigen Einnahme.

Die Kombination von Psychotherapie und Antidepressiva ist deutlich wirkungsvoller als nur die Einnahmen von Antidepressiva. Dies entspricht der Beobachtung, daß Drogen in Kombination mit Ritualen oder Meditationen am wirkungsvollsten sind.

Die möglichen Nebenwirkungen beziehen sich vor allem auf das Herz-Kreislauf-System, das Nervensystem und die Sexualität. Hier bestehen große Unterschiede je nach Medikament und Patient.

Die meisten dieser Medikamente sind MAO-Hemmer, d.h. sie verhindern die Monoaminoxidase. Die für den Abbau von Monoaminosäuren zuständigen Enzyme bauen Serotonin, Noradrenalin und Dopamin ab und reduzieren dadurch die Übertragung von Impulsen zwischen zwei Nervenzellen.

4. Traum-intensivierende Drogen

Diese große Gruppe von Drogen fördert das Träumen selber und – da dieser Effekt sonst gar nicht auffallen würde – auch das Erinnern von Träumen.

a) Beifuß
(Artemisia vulgaris)

Dieses Kraut wird 0,6-2m hoch. Es wuchs ursprünglich in Europa, in den gemäßigten Gebieten Asiens und in Nordafrika. In Nordamerika ist es eingeführt worden.

Seine Wirkung beruht vermutlich auf dem hohen Gehalt an ätherischen Ölen, insbesondere von Thujon (das auch in Wermut enthalten ist).

Beifuß wird bei verschiedenen Völkern als Tee getrunken oder geraucht, um Klarträume zu erhalten.

Beifuß ist mit der Sommer- und der Wintersonnenwende assoziiert worden und soll gegen Epilepsie helfen.

b) Mexikanisches Traumkraut
(Tagetes lucida)

Diese aus Mexiko stammende Tagetes-Art wird auch „Yauhtli", „Yautli", „Samtblume", „Studentenblume", „Pericon" und „mexikanischer Estragon" genannt.

Sie wird zur Induzierung luzider Träume verwendet.

c) Aztekisches Traumkraut
(Calea ternifolia; Calea zacatechichi)

Dieses aus Mittelamerika stammende, bis 3m hohe, mehrjährige Kraut wird außer „Aztekisches Traumgras" auch einfach „Traumgras" oder „Bitterkraut" genannt. Es wird auch als „Calea zacatechichi", also als „Kraut der Zakateken" bezeichnet. Die Chontal-Indianern in Oaxaca nennen die Pflanze „Thle-pela-kano", d.h. „Gottes-Blatt".

Seine psychoaktiv Wirkung erhält dieses Entheogen durch ein bisher nicht identifiziertes Alkaloid.

Das aztekische Traumkraut wird von den Indianer in Mittelamerika benutzt, um Klarträume zu erhalten, die oft auch Wahrsage-Visionen erhalten, also Wahrnehmungen von fernen Orten oder von der Zukunft. Dieses Kraut erleichtert auch das Erinnern von Träumen.

Das Aztekische Traumgras wird entweder als Tee getrunken oder geraucht.

In der BRD gibt es zu dieser Pflanze keine gesetzliche Regelung.

d)   Afrikanisches Traumkraut
(Entada rheedei)

Diese Pflanze ist eine bis zu 12m lange Liane aus der Familie der Hülsenfrüchte. Ihre Schoten mit den Samen können bis zu 2m lang und 15cm breit werden.

Das Afrikanische Traumkraut wächst in den Wäldern entlang von Flüssen sowie in Küstenwäldern und in Mangrovenwäldern. Diese Pflanze stammt aus dem südlichen Afrika, Indien und Australien. Sie wird auch „Seebohne" oder „Traumbohne" genannt.

Die Samen werden entweder gegessen oder geraucht. Sie beruhigen und verursachen luzide Träume, also Träume, in denen man bei vollem Bewußtsein ist. Dieses Kraut wird auch benutzt, um visionäre Träume zu erhalten, also Träume, in denen man ferne Dinge, die Zukunft o.ä. wahrnimmt. Diese Träume sind oft lebhafter und farbiger als die normalen Träume. Daher zählt das afrikanische Traumkraut zu den Entheogenen, also zu den Kräutern, die in spirituell-magischen Zusammenhängen verwendet werden. Sie werden auch dazu benutzt, um im Traum mit den Geistern der eigenen Ahnen Kontakt aufzunehmen.

Die Effekte sind jedoch von Person zu Person ziemlich verschieden.

e)   Gelbrinden-Akazie
(Vachellia xanthophloea)

Die 15-25m hohe Gelbrinden-Akazie wird auch Fieberakazie genannt. Sie stammt aus den warm-feuchten Gegenden im südöstlichen Afrika, in denen auch die Malaria-Mücke heimisch ist, die das Malaria-Fieber überträgt.

Der Wirkstoff ist vermutlich DMT, der auf den visuellen Cortex wirkt und daher Halluzinationen und Visionen hervorruft. Bei der Wirkung von DMT bleibt man sich normalerweise bewußt, daß die wahrgenommenen Bilder nicht Teil der Außenwelt sind. In höherer Dosierung führt DMT zu Wahrnehmungen anderer Realitäten und zu Nahtod-ähnlichen Erlebnisse, d.h. zu Astralreisen.

Die Rinde dieses Baumes wird von afrikanischen Schamanen gekocht und dieser Tee dann getrunken, um luzide Träume zu erlangen, die in Südafrika „Weiße Pfade" genannt werden.

f) Engelstrompeten
(Brugmansia)

Diese Pflanze bildet 2-5m hohe Sträucher oder Bäume. Ihre Blüten bestehen aus großen, 15-45cm langen schmalen Kelchen, die weiß oder rot sein können. Ihre Beeren sind 5,5-7cm lang.

Sie stammt aus dem westlichen Südamerika und ist in den Anden bis auf eine Höhe von 3000m zu finden. Wegen ihrer großen, auffälligen Blüten ist heute weltweit verbreitet.

Dieses Nachtschattengewächs enthält in allen Pflanzenteilen die Alkaloide Hyoscyamin, Atropin und Scopolamin, die sehr giftig sind.

Im westlichen Südamerika wird der Stechapfel für medizinische und halluzinogene Zwecke verwendet. Mithilfe des Stechapfels führen die Schamanen Gespräche mit den Ahnen, die ihre Nachkommen beschützen. Stechapfel ist also ein Jenseitsreise-Entheogen, das möglicherweise auch Astralreisen (Nahtod-Erlebnisse) bewirken kann.

Bei den Chibcha-Indianern in Mittelamerika nehmen die Frauen und Sklaven von toten Häuptlingen und Kriegern bei deren Bestattung Stechapfel zu sich und werden dann zusammen mit dem Toten lebendig bestattet. Diese Form der freiwilligen oder erzwungenen Jenseitsreise ist auch aus Europa, Mesopotamien, Ägypten und China bekannt.

Stechapfel wird geraucht, gegessen und als Tee getrunken. Eine Überdosierung führt zu Vergiftungen bis hin zum Tod.

Stechapfel löst Halluzinationen, d.h. das Sehen von inneren Bilder aus, die nicht immer klar als innere Bilder erkannt werden.

g) Ubhubhubhu
(Helinus integrifolius)

Diese bis zu 6m lange Rankenpflanze wird bei den Xhosa in Südafrika (einem Bantu-Volk) von Wahrsagern als Aufguß getrunken, um in Träumen bewußt mit den Ahnen sprechen zu können.

h) Afrikanische Traumwurzel
(Silene capensis; Silene undulata)

Dieses Nelkengewächs wächst im südlichen Afrika und wird bis zu 60cm hoch. Der Name der Xhosa für diese Pflanze ist „Ubulawu obumhlope",
Die Schamanen der Xhosa benutzen die Wurzel für Heilungen und für das Wahrsagen mithilfe von Klarträumen. Dabei nehmen die Schamanen Kontakt zu den Ahnen auf und erfahren von ihnen die Zukunft.

i) Uvuma Omhlope
(Synaptolepis Kirkii)

Uvuma Omhlope ist ein vielverzweigter Strauch aus Südafrika.
Das zu Pulver verriebene Holz wird mit Wasser getrunken, um Klarträume und Visionen zu erlangen. Die Träume sind jedoch des öfteren eher düster und wirr.

j) Ikhathazo
(Alepidea amatymbica)

Diese 2m hohe Staude aus Südafrika stärkt sehr deutlich das Imunsystem und wird als Heilpflanze gegen Erkältungen eingesetzt und sogar mit Erfolg auch gegen AIDS verwendet.
Ikhathazo enthält viele Inhaltsstoffe, deren Wirkungsweise noch ungeklärt ist. Die Wurzel wird gegessen, gekaut, ausgesaugt, geraucht und geschnupft.
Sie wird von Schamanen für Wahrsagungen, den Kontakt mit den Ahnen und für das Erlangen luzider Träume verwendet. Dafür wird die Pflanze entweder geraucht

oder der Rauch von der als Räucherwerk verwendeten Pflanze eingeatmet. Ikhathazo wirkt – wie die meisten Traumpflanzen – auch beruhigend.

Die einzige bekannte Nebenwirkung ist ihr harntreibender Effekt.

In der BRD gibt es zu Ikhathazo keine Rechtsverordnung.

k) Indische Seidenpflanze
(Hemidesmus indicus)

Diese Pflanze stammt aus Südasien. Sie wird als Puder, Aufguß oder Sirup eingenommen. Sie enthält viele Inhaltsstoffe (vor allem ätherische Öle), die u.a. luzide Träume verursachen sollen.

l) Passionsblume
(Passiflora)

Diese Pflanzengattung besteht aus mehrjährigen Kräutern, die oft auch Rankenpflanzen sind.

Sie enthalten MAO-Hemmer und wirken daher antidepressiv. Ihre Kombination mit anderen Drogen ist gefährlich, da es zu einem tödlichen Serotonin-Syndrom kommen kann.

Einige Passiflora-Arten sind für den Menschen eßbare Früchte wie z.B. Maracuja. Diese Früchte enthalten viel Vitamin C.

Einige Arten sind jedoch auch giftig bis sehr giftig. Sie sind oneirogen, d.h. sie fördern lebhafte Träume.

Die Wirkung der verschiedenen Passionsblumen-Arten scheinen noch wenig erforscht zu sein.

5. Visionen-verursachende Drogen

Dies ist vermutlich die wichtigste oder zumindestens die beliebteste Gruppe von Drogen, da das Erleben von inneren Bildern mit manchmal tiefer symbolischer Bedeutung – sei es als lebhafte Träume, Tagträume, Halluzinationen oder Visionen – offensichtlich einem tiefen Bedürfnis der Menschen nach Erleben, Tiefe und Sinngehalt entgegenkommt.

a) Wermut
(Artemisia absinthium)

Dieses meist 40-60cm hohe Kraut hat einen stark aromatischer Duft. Wermut stammt aus dem gemäßigten Eurasien und aus Nordafrika; in Nordamerika ist es eingebürgert worden. Wermut wächst bis auf Höhen von 3500m.

Die Wirkstoffe sind Thujon sowie 60 weitere ätherische Öle. Wermut gibt dem Absinth seinen charakteristischen Geschmack.

Diese Pflanze hat eine vielfältige medizinische Anwendung. Das Thujon kann eine halluzinogene Wirkung haben.

Thujon findet sich auch im Wegerich.

b) Gift-Lattich
(Lactuca virosa)

Diese rings um das Mittelmeer beheimatete Pflanze wird 0,6-2m hoch, riecht nach Mohn und wird auch „Wilder Lattich", „Stinklattich" oder „Stinksalat" genannt.

Seine Blätter und sein getrockneter Milchsaft sind stark giftig und wurden als Beruhigungsmittel und als Opium-Ersatz verwendet. Der getrocknete Milchsaft wird „Lactucarium" genannt.

Der Gift-Lattich ist bei den Hippies in den USA in den '70er-Jahren sehr beliebt gewesen. Da die tödliche Dosis sehr hoch ist, sind keine Todesfälle durch Gift-Lattich bekannt. Bei starker Überdosierung treten Kopfschmerzen, Schweißausbrüche und Schwindel auf.

Gift-Lattich entspannt und fördert das Erleben von Visionen.

c) Alraune
(Mandragora officinalis)

Diese Zauberpflanze ist in Europa und im Mittelmeergebiet ein wichtiges Entheogen. Die Alraune ist eine krautige Pflanze ohne Stengel, die eine dicke, bis 40cm lange Pfahlwurzel hat, die mehrfach gespalten ist und daher von ihrer Gestalt her oft einem kleinen Menschen gleicht.

Der Name „Alraune" ist eine Weiterentwicklung von germanisch „albruna" für „zauberkundige Alfen", d.h. für die Ahnengeister, von denen nach germanischer Vorstellung der größte Teil der magischen Kraft ausgeht und die auch dem Seher und der Seherin ihre Visionen bringen.

Die Wirkstoffe in der Wurzel sind die Alkaloide Hyoscamin und Scopolamin, die als Aphrodisiacum, Narkotikum, Schmerzmittel, halluzinogene Droge und in der Magie als allgemeines Zaubermittel eingesetzt werden. Die Verwendung als Aphrodisiakum ist schon aus dem Alten Testament bekannt. Auch bei den Griechen wurde die Alraune für Liebeszauber verwendet und war daher der Aphrodite geweiht.

Eine Überdosierung führt zu Unruhe, Schläfrigkeit, Halluzination, Verwirrtheit, Herzrhythmusstörungen, Bewußtlosigkeit und schließlich zum Tod durch Atemlähmung

Der Handel mit Alraunen ist in der BRD nur mit behördlicher Genehmigung gestattet.

d) Ayahuasca
(Banisteriopsis caapi)

Das Wort „Ayahuasca" der Quetchua-Indianer („Inkas") bedeutet „Liane der Ahnengeister". Diese Liane bzw. ihre Inhaltsstoffe sind also die „Nabelschnur" zu den Ahnen im Jenseits. Auch das Wort „Religion" hat diese Grundbedeutung": „Rück-Verbindung" im Sinne von „Verbindung".

Die Ayahuasca-Pflanze bildet sehr lange Lianen mit großen Blätter. Sie blüht nur selten. Sie stammt aus dem Amazonasgebiet, aber ist inzwischen deutlich weiter verbreitet.

Aus den verholzten Pflanzenteile wird einer der Hauptwirkstoffe des Ayahuasca-Trankes, der Visionen hervorruft, hergestellt.

Ihre Wirkstoffe, die beiden Alkaloide Harmin und Tetrahydroharmin, befinden sich vor allem in den Wurzeln.

e) Calumbi
(Mimosa tenuiflora; Mimosa hostilis)

Diese Pflanze, die mit zwei verschiedenen lateinischen Namen bezeichnet wird, wird bei verschiedenen Völkern „Calumbi", „Jurema", „Binho de Jurema", „Jurema preta", „Black Jurema", „Tepezcohuite", „Carbonal" und „Carbrera" genannt. Es gibt keinen üblichen deutschen Namen für diese Pflanze.

Calumbi ist ein bis zu 8m hoher Strauch oder Baum, der von Nordost-Brasilien bis nach Mexiko verbreitet ist. Er wächst in den Bergen bis auf eine Höhe von 1000m.

Diese Mimosen-Art enthält als Wirkstoffe vor allem Alkaloide sowie DMT, von dem in der Wurzelrinde bis zu 1,7% enthalten sind. Calumbi ruft daher Visionen hervor.

Calumbi wird in Nordost-Brasilien im Jurema-Kult verwendet und zählt somit zu den Entheogenen.

Jurema und Ayahuasca haben einen recht ähnliche Position bei den Völkern, die diese Pflanze im Kult verwenden.

f) Peyote-Kaktus
(Lophophora williamsii)

Aus dem mittelamerikanischen Peyote-Kaktus wird die Entheogen-Droge Mescalin gewonnen. Sie wurde 1896 wissenschaftlich untersucht. Mescalin ist auch synthetisch herstellbar.

Peyote wurde schon um 200 v.Chr. in Mittelamerika verwendet. „Peyote" oder „Mescalito" ist der Name des Pflanzengeistes („Elf") dieses Kaktusses. Bei den Huichol-Indianern in Mexiko ist Peyote einer der vier Urgötter.

Mescalin wirkt – wie viele andere Drogen auch – durch Bindung und Aktivierung von Serotonin-Rezeptoren. Mescalin hat eine LSD-ähnliche Wirkung. Der Peyote-Extrakt enthält über 50 verschiedene Alkaloide, von denen der Hauptteil auf Mescalin entfällt.

Mescalin erzeugt Halluzinationen bzw. Visionen. Es können Hyperaktivität, eine leicht veränderte bis deutlich schärfere Wahrnehmungen, eine intensivere Farbwahrnehmung mit leuchtenden Farben sowie Halluzinationen bzw. Visionen sowie ein großes Glücksgefühl auftreten. Mescalin fördert auch das Hellsehen.

Wie bei LSD kommt es zu der „Übersetzung" von Optik in Akustik, Akustik in Geschmack usw.

Manchmal entsteht jedoch auch ein Realitätsverlust. Psychosen, Halluzinationen und Horrortrips sind möglich, aber können durch das passende Umfeld (Vorbereitung,

Umgebung, Begleitung) weitgehend vermieden werden.

Die Wirkung dauert 6-9 Stunden; die Nachwirkungen enden spätestens nach 12 Stunden.

Die Kombination mit MAO-Hemmern (Antidepressiva, Anti-Parkinson-Mittel, Ayahuasca) ist gefährlich, da diese MAO-Hemmer die Serotonin-Wirkung von Mescalin u.ä. verstärken, was zum Tod durch Lähmung der Atemmuskulatur führen kann.

g) Echinopsis-Kakteen
(Echinopsis)

Mehrere Arten dieser aus Südamerika stammenden Gattung von kugelförmigen Kakteen mit großen, trichterförmige Blüten enthalten wie der Peyote-Kaktus den Wirkstoff Mescalin und sind daher von ihrem Gebrauch her dem Peyote vergleichbar.

h) LSD
(Lysergsäurediethylamid)

Dieser Extrakt des Mutterkorns, der ein Pilz auf der Roggenähre ist, ist eins der stärksten bekannten Halluzinogene.

LSD wurde 1938 entdeckt und zunächst als Psychopharmaka verwendet. Nach der Benutzung durch die Hippies wurde es zusammen mit fast allen anderen bekannten Drogen 1971 bei einem Beschluß der UNO verboten. Seit 1990 gibt es wieder eine LSD-Forschung in der Psychotherapie in Bezug auf Alkoholismus und Depressionen.

LSD wirkt auf das Serotonin-System des Körpers, aber es ist bisher kein durch LSD verursachtes Serotonin-Syndrom bekannt.

Die Droge verändert das Zeitempfinden und Erlebnisse werden sehr viel deutlicher wahrgenommen. Das erscheint dann als der Eindruck, daß innerhalb einer bestimmten Zeitspanne deutlich mehr erlebt wird als sonst. Insgesamt gibt es viele optische, akustische und sensorische Wahrnehmungsveränderungen. Ein wichtiger Aspekt ist, daß man „Musik sieht", d.h. daß Klänge in Farben und Formen übersetzt werden.

Auch Gefühle werden deutlicher wahrgenommen, d.h. sie erscheinen als „vergrößert, was sowohl zu Euphorie als auch zu Horrortrips führen kann. Daher ist bei dem Genuß von LSD ein nüchterner Begleiter („Tripsitter") sehr hilfreich, der notfalls lenkend eingreifen kann – dies entspricht dem generell förderlichen rituellen Rahmen bei der Einnahme von Drogen.

Aufgrund der intensiven spirituellen, magischen und religiösen Erlebnisse nach der

Einnahme von LSD zählt diese Droge zu den Entheogenen.

Die vor 1971 teilweise übliche Anwendung von LSD zur Heilung von Alkoholismus hatte in ca. der Hälfte der Fälle Erfolg – in der Regel durch die durch das LSD induzierten intensiven religiösen oder Religions-ähnlichen Erlebnisse.

Nach einem „Trip" (LSD-Einnahme) besteht eine ca. zweiwöchige Toleranzfrist, in der eine erneute Einnahme von LSD nur wenig Wirkung zeigt. Das gilt auch für die gesamte Gruppe LSD, Psilocybin/Psilocin und Mescalin: Nach der Einnahme einer dieser drei Stoffe sollte man erst nach frühesten zwei Wochen wieder einen dieser Stoffe einnehmen, da er sonst kaum eine Wirkung zeigt.

Die Verstärkung des Auftretens von psychotischen Reaktionen, Selbstmordversuchen und Selbstmorden nach der Einnahme von LSD entspricht in etwa der Häufigkeit dieser Reaktionen bei Psychotherapien. Die Benutzer sind sich in der Regel ihres veränderten Zustandes bewußt – das ist ein deutlicher Unterschied zu einer Psychose. Es besteht theoretisch eine erhöhte Unfallgefahr aufgrund der veränderten Wahrnehmung, aber es sind fast keine Unfälle unter LSD-Einfluß bekannt.

Es ist keinerlei Neigungen zu Fremdschädigung (andere Personen verletzen u.ä.) wie diese z.B. für Alkohol typisch sind, bekannt.

LSD macht nicht abhängig – die Konsumenten hören oft selber nach einer Weile wieder mit der Einnahme von LSD auf. Da erst die 1000-fache Menge der wirksamen Dosis tödlich ist, kommt es auch nicht zu Überdosierungen.

Antipsychotika verstärken die LSD-Wirkung statt sie abzuschwächen.

Da LSD schon in geringen Mengen wirksam ist, wird es nur selten „gestreckt" und ist daher in der Regel rein.

i) LSD und Ecstasy

In dieser auch „Candyflip" genannt Mischung verstärken sich die beiden Drogen gegenseitig und rufen starke Wahrnehmungsstörungen sowie optische und akustische Halluzinationen hervor – oder positiver formuliert: Sie führt zu Visionen.

Es sind stärkere euphorische Erlebnisse als bei Ecstasy solo möglich, aber es besteht auch eine größere Gefahr der Entstehung einer Psychose.

j) Psilocybin-haltige Pilze

Der Gebrauch von psilocybinhaltigen Pilzen als Entheogen ist bei den Ureinwohner von Südwest-Mexiko ab 5000 v.Chr. nachgewiesen. Diese Pilze wurden von den Schamanen und im Kult verwendet.

Psilocybin ist ein Alkaloid, das im Körper zu Psilocin verwandelt wird, das dann der eigentliche Wirkstoff ist. Die Wirkung ist LSD-ähnlich, aber dauert kürzer. Psilocin koppelt an die Serotonin-Rezeptoren an, wobei auffällig ist, daß bei einem Gehirn-Scan lediglich Reduzierungen von Hirntätigkeiten, aber keine Steigerungen meßbar sind.

Wenn Psilocybin zusammen mit MAO-Hemmern eingenommen wird, verlängert sich der Rausch. Da einige Antidepressiva irreversible MAO-Hemmer sind, sollte Psilocybin nicht mit diesen Antidepressiva kombiniert werden. Psilocybin ist auch bei der Erforschung der Behandlung von Depressionen verwendet worden. Psilocybin ist seit 1957 in den USA bekannter geworden und wurde ab 1960 in der Psychotherapie verwendet, ist dann aber 1971 zusammen mit so gut wie allen anderen Drogen verboten worden.

Psilocybin ruft optische Visionen hervor. Zudem tritt eine Leichtigkeit bis hin zur Euphorie auf. In seltenen Fällen treten Panikattacken auf. Organische Schäden sind nicht bekannt.

Es gibt keine psychotischen Begleiterscheinungen, aber es besteht die Gefahr der Auslösung einer bereits vorhandenen Psychose. Flashbacks sind seltener als bei LSD.

Wie bei allen Drogen dieser Wirkungsweise ist das Setting, also die Umgebung und die Begleiter wichtig.

Da die tödliche Dosis das 1000fache der wirksamen Dosis beträgt, ist Psilocybin sehr sicher.

k) Pilz

Aus Mittel- und Südamerika sind aus der Zeit von 1000 bis 500 v.Chr. sogenannte „Pilzsteine" bekannt, die vermuten lassen, daß diese Pilze eine größere Rolle im Kult gespielt haben. Es läßt sich leider nicht erkennen, um welche Pilzart es sich gehandelt hat – es wären psilocybinhaltige Pilze denkbar.

l) Steppenraute
(Peganum harmala)

Dieses Entheogen, das auch „Harmalkraut" genannt wird, ist eine 25-60cm hohe Pflanze und stammt aus den Wüsten, Halbwüsten und Steppen von Nordindien über Westasien bis zum Mittelmeerraum. Sie ist heute weit verbreitet.

Es enthält die Alkaloide Harmalin, Harmin, Tetrahydroharmin, Harmalol, Harmidin u.a. In den Samen der Steppenraute sind bis zu 5,9% Alkaloide enthalten. Diese Alkaloide bewirken eine MAO-Hemmung und wirken dadurch oneirogen, d.h. sie regen Träume an und sind zudem halluzinogen. Weiterhin beruhigen sie, sind antidepressiv, aphrodisierend sowie in größerer Dosis betäubend.

Steppenraute wird von Schamanen oft in Kombination mit DMT-haltigen Pflanzen verwendet. Die Benutzung ist meistens oral – sie wird seltener auch verdampft, geraucht oder als Räucherwerk verwendet.

Die Wirkung von Mischungen von Steppenraute mit anderen Drogen ist meist unvorhersehbar. Es besteht dabei die Gefahr eines tödlichen Serotonin-Syndroms.

Der Genuß von Steppenraute kann eine Fehlgeburt einleiten.

Die Steppenraute ist in fast allen Ländern legal. In Europa ist sie in türkischen und iranischen Läden erhältlich.

m) Rohrglanzgras
(Phalaris arundinacea)

Diese kleine, zu den Süßgräsern gehörende Schilfrohr-Art wird 0,5-2m hoch und wächst in den gemäßigte Zonen von Europa, Asien und Nordamerika bis auf eine Höhe von 1500m.

Diese Pflanze wird auch „Havelmilitz" genannt, also „Heer an dem Fluß Havel" – eine humorvolle Umschreibung der vielen Schilfrohre an diesem Fluß.

Dieses Gras enthält das Alkaloid DMT (N,N-Dimethyltryptamin), das auf den visuellen Cortex wirkt. Die betreffenden Personen bleiben sich dabei ihrer Vision bewußt, d.h. sie erleiden keinen Realitätsverlust. Bei einer hohen Dosierung entstehen Nahtod-ähnliche Erfahrungen (Astralreise).

DMT bildet im Gegensatz zu den ihm verwandten LSD, Psilocin und Mescalin keine Toleranz aus, d.h. es kann auch in kurzen Abständen eingenommen werden.

Dieses Entheogen wird geraucht, geschnupft und injiziert.

n) DMT
(N,N-Dimethyltryptamin)

Das Alkaloid DMT findet sich in Ayahuasca, psilocybinhaltigen Pilzen, in Mimosa hostilis, in einer Schilfrohr-Art (Phragmites australis), in einem Rötegewächs (Psychotria viridia), in dem Hautdrüsensekret der Aga-Kröte usw. sowie vermutlich auch in Säugetieren als endogenes (selber synthetisiertes) DMT.

DMT wirkt stark halluzinogen.

o) Himmelblaue Prunkwinde
(Ipomoea tricolor)

Diese bis zu 4m hohe Kletterpflanze, die auch „Kaiserwinde" genannt wird, stammt aus Mexiko und ist dort ein Entheogen. Ihre blauen, trichterförmige Blüten öffnen sich am Morgen – daher der englische Name „Morning Glory". Sie wurde nach Südamerika und Afrika gebracht und ist inzwischen als Zierpflanze weit verbreitet.

Der Wirkstoff in den Samen dieser Pflanze ist eine giftige Methylquecksilberverbindung der eine halluzinogene Wirkung hat. Das Quecksilber hat eine ausgesprochen körperschädigende Wirkung.

6. Kundalini-anregende Drogen

Es gibt keine Drogen, die speziell und gezielt die Kundalini anregen. Allerdings tritt diese Wirkung manchmal bei dem Genuß von Hanf auf.

Da Hanf allgemein auf die Lebenskraft zu wirken scheint und das Erwachen der Kundalini eines der intensivsten Erlebnisse der Kundalini ist, erhält der Hanf hier ein eigenes „Kundalini-Kapitel".

a) Hanf
(Cannabis sativa; Cannabis indica)

Hanf ist eine aus Zentralasien stammende einjährige Pflanze, die je nach Standort 0,2-5m hoch wird. Weitere Namen der Pflanze, wenn sie als Droge verwendet wird, sind Marihuana, Haschisch (Hanf-Harz), Gras und Weed.

Um 2700 v.Chr. wird Hanf in chinesischem Buch über Pflanzen und Heilkunst erwähnt. Seit 2500 v.Chr. wurde Hanf in Indien als Faserpflanze angebaut. Seit mindestens 1500 v.Chr. wurde Hanf in Mesopotamien und Indien als Räucherwerk verwendet. Um 700 v.Chr. findet sich Marihuana in China als Grabbeigabe. Seit 400 v.Chr. wird Hanf in Indien gegen Schmerzen und Epilepsie verwendet. Um 450 v.Chr. berichtet Herodot, daß das indogermanische Volk der Skythen in Schwitzhütten Hanfsamen geräuchert hat. Seit dem ersten Kreuzzug (1096-1099) ist Hanf auch in Europa als Mittel gegen Schmerzen, Epilepsie, Schlafstörungen und Krämpfe bekannt geworden. Zwischen 1842 und 1900 waren die Hälfte aller Medikamente in den USA Cannabis-Präparate. Ab ca. 1950 ist Cannabis fast weltweit verboten worden. Die Erlaubnisse und Verbote von Cannabis haben eine sehr bewegte Geschichte, die oft von Handelskonflikten geprägt gewesen ist.

Die Wirkstoffe des Hanfes sind die Cannabiniode, von denen bisher 144 bekannt sind. Der wichtigste von ihnen ist das Tetrahydrocannabinol (THC). Es gibt im Körper bereits körpereigenes THC, was bedeutet, daß das THC, das aus dem Cannabis stammt, auf das körpereigene endocannabinoide System wirkt. THC ist also nichts Fremdes für den Körper, sondern nur ein mehr von etwas, was schon in ihm vorhanden ist. Das körpereigene THC befindet sich in den Rezeptoren im zentralen Nervensystem und in den Nerven, die für Bewegung, Schmerz und Gedächtnis zuständig sind, sowie in den Zellen des Imunsystems.

Die Droge wird aus den Blüten der weiblichen Hanfpflanze gewonnen und ist ein meistens goldbraunes Harz.

Cannabis hat mehrere Wirkungen:

- muskelentspannend, beruhigend,
- bewirkt assoziatives, sprunghaftes Denken,
- beeinträchtigt das Kurzzeitgedächtnis,
- berauschend, verstärkt die Gefühle, wirkt stimmungsaufhellend,
- kann Angst, Traurigkeit und Mißtrauen auslösen,
- kann eine Depersonalisierung bewirken,
- wirkt individuell sehr unterschiedlich.

Insgesamt kann man sagen, daß Cannabis die Wahrnehmung der Lebenskraft erleichtert, weshalb Cannabis gut für die Kombination mit anderen Drogen geeignet ist – sofern man bestimmte magisch-spirituelle Erlebnisse anstrebt. Die erleichterte Wahrnehmung der Lebenskraft durch Cannabis zeigt sich auf mehrere Weisen:

- die Wahrnehmung einer leuchtenden Aura rings um Lebewesen („Hellsehen"),
- die Wahrnehmung von „Schwingungen" („Vibrations"),
- die Wahrnehmung von Inhalten der eigenen Psyche (=Lebenskraftkörper) einschließlich der Gefühle,
- die Wahrnehmung von inneren Bildern (Visionen),
- selten auch Astralreisen (Austritt des Lebenskraftkörpers aus dem physischen Körper),
- selten auch die Erweckung der Kundalini (Fluß der Lebenskraft im Körper).

Hanf ist bei mehreren Völkern ein Entheogen. Am bekanntesten ist vermutlich, daß der Hanf dem indischen Gott Shiva geweiht ist und daß Hanf sozusagen das „Sakrament" der Rastafaris ist.

Die Schäden durch Cannabis sind noch immer ungeklärt und umstritten, was vor allem daran liegt, daß das Thema „Drogen" an sich sehr umstritten ist:

- Es gibt keine eindeutige Wirkung auf die Motivation, auch wenn Cannabis oft sedierend wirkt.
- Die Beeinträchtigung der Aufmerksamkeit und des Gedächtnisses löst sich nach drei Monaten Cannabis-Abstinez wieder auf.
- Erst ab mehr als 20 tabakfreien Cannabis-Joints pro Monat tritt eine Schädigung der Lunge ein.
- Bei starkem Konsum besteht die Möglichkeit einer leichten Schädigung des Hippocampus.
- Die Psychose-Entstehung nur durch Cannabis ist unwahrscheinlich, jedoch kann Cannabis die Entstehung von Psychosen fördern, wenn bereits anderen Ursachen wie z.B. eine genetische Anfälligkeit vorhanden sind. In derselben Weise begünstigt Cannabis geringfügig die Entstehung von Schizo-

phrenien.

- Babys von Müttern, die während der Schwangerschaft Cannabis geraucht haben, haben ca. 5% weniger Gewicht. Es besteht ein erhöhtes Risiko von Fehlgeburten.

- Es besteht möglicherweise ein leicht erhöhtes Risiko für Prostatakrebs.

- Es entwickelt sich keine große Cannabis-Abhängigkeit, obwohl manchmal 3 Wochen lang leichte Entzugserscheinungen auftreten können.

- Es ist vom Verfassungsgericht festgestellt worden, daß es nicht nachgewiesen ist, daß Cannabis eine Einstiegsdroge ist.

- Cannabis ist auch bei einer Überdosierung nicht tödlich.

Cannabis ist die am häufigsten konsumierte illegale Droge. Weltweit nutzen mindestens 200 Millionen Menschen Cannabis – das sind ca. 4 % der Weltbevölkerung.

Cannabis wird in der Regel gegessen oder geraucht. Cannabis wird als Harz und als Haschischöl angeboten.

Cannabis wird des öfteren mit anderen Drogen kombiniert, was spezielle Wirkungen hervorruft – das Folgende sind nur einige wenige Beispiele:

- Cannabis und Kaffee: Die Wirkung von Cannabis wird verstärkt.

- Cannabis und Alkohol: Die Wirkung des Alkohols wird verstärkt. Die Kombination der Risikofreudigkeit des Alkohols und der halluzinogenen Wirkung des Cannabis ist besonders im Straßenverkehr, beim Umgang mit Maschinen u.ä. gefährlich.

- Cannabis und Tabak: Es besteht die Gefahr der schnelleren Entstehung einer Nikotin-Abhängigkeit. Das Nikotin vergrößert zudem die Gefahr eines unangenehmen Erlebnisses.

- Cannabis und Visions-verursachende Drogen: Die Visionen werden intensiver.

Seit geraumer Zeit ist Afghanistan der Hauptproduzent für Cannabis. In diesem Land werden ca. 2500t Haschisch pro Jahr hergestellt.

In den Ländern, in denen Cannabis legalisiert worden ist, ist der Konsum von Cannabis meistens leicht gesunken.

7. Klarheits-fördernde Drogen

Es gibt einige Drogen, die gelegentlich auch das Entstehen einer inneren Klarheit fördern wie Kaffee, Tee, Guaraná und Kava, aber nur die Hawaiianische Holzrose besitzt diese Eigenschaft in höherem Maße.

a) Hawaiianische Holzrose
(Agyreia nervosa)

Diese indische Kletterpflanze wird bis zu 10m lang. Sie ist zwar ursprünglich in Asien heimisch gewesen, kommt aber heute auch auf Hawaii, in der Karibik, in Australien und in Afrika vor. Sie hat große weiße bis purpurne Blüten, die 15cm lange Röhren bilden, die schließlich zu 2cm großen Beeren werden.

Sie wird auch „Silberwinde", „Silberkraut" und „Elephantenwinde" (die Blätter sehen wie Elefantenohren aus) genannt.

Ihre psychoaktive Wirkung ähnelt dem LSD. Ihr Wirkstoff ist Lysergsäureamid (LSA), das ein wenig schwächer ist als LSD und ein wenig anders als LSD wirkt.

Die Hawaiianische Holzrose ist ein Rauschmittel, das anregend und aphrodisiakisch wirkt und zudem die Intelligenz anregt und eine große innere Klarheit hervorrufen kann.

Diese Pflanze hilft auch bei verschiedenen Krankheiten wie Lungenproblemen, Zuckerkrankheit, Ejakulationsstörungen und einer allgemeiner Schwäche.

8. Emotions-fördernde Drogen

Diese Gruppe von Drogen fördert die Anteilnahme und die Kontaktfreudigkeit, aber sie ist auch enthemmend.

a) Alkohol

Seit mindestens 6000 v.Chr. gibt in Vorderasien Weinanbau und in Ägypten seit mindestens 3000 v.Chr. Bier. Da sich Bier bzw. Met einfach dadurch herstellen lassen, daß Mehl bzw. Honig in Wasser stehengelassen wird und daraufhin eine alkoholische Gärung beginnt, könnte vor allem Met schon in der Altsteinzeit, also schon vor 10.000 v.Chr. (Beginn der Jungsteinzeit) bekannt gewesen sein.

Alkohol enthemmt, setzt Emotionen frei und macht tendenziell aggressiver – jede dritte Gewalttat in Deutschland findet unter Alkoholeinfluß statt.

Alkohol kann Depressionen und Angststörungen verstärken. Er schädigt zudem das Nervensystem, die Leber und andere Organe und kann zu Gedächtnisverlust („Filmriß") führen.

Es sterben jährlich ca. 3,3 Millionen Menschen an den Folgen von Alkoholgenuß.

b) Betel
(Areca catechu)

Die Betelnuß-Palme ist eine bis 25m hohe Palme aus dem indo-malayischen Raum. Ihre Blätter sind 2m lang und sie trägt Rispen mit 150-200 roten Steinfrüchten von Hühnerei-Größe. Sie ist eine alte Kulturpflanze.

Der Wirkstoff in der Betelnuß sind Alkaloide – vor allem Arecolin. Betel regt an, dämpft den Appetit und hat eine ähnliche Wirkung wie Alkohol.

Bei einer Überdosierung kommt es zu verlangsamtem Herzschlag, Zittern, Erbrechen, Verwirrung, Krämpfen, Durchfall und im Extremfall zum Tod durch Atem- oder Herzstillstand.

Betel wird in der Regel gekaut. Bei langfristigem Konsum greift Betel das Zahnfleisch an. Es besteht zudem Krebsgefahr im Mundraum und in der Speiseröhre.

Das Kauen von Betel ist seit Jahrhunderten üblich. Heute gibt es ca. 450 Millionen Betel-Konsumenten.

c) Sinicuichi
(Heimia salicifolia)

Sinicuichi ist ein bis 3m hoher Strauch mit gelben Blüten, der in Mittel- und Südamerika beheimatet ist.

Er wird auch „Sinicuiche", „Abre-o-sol" (= „Sonnenöffner"), „Herva da Vida" (= „Lebenskraut"), „shrubby yellowcrest" und „willow-leaf" genannt.

Seine Wirkstoffe sind Chinolizidin-Alkaloide, vor allem Vertine.

Sinicuichi hat eine halluzinogene, berauschende und euphorisierend Wirkung.

Diese Droge wird von den Schamanen der Mayas und Azteken in Ritualen verwendet, die zumindestens zum Teil mit den Ahnen zu tun haben.

Dabei werden Blätter geerntet, die man dann anwelken läßt (wie Waldmeister), sie dann zerkleinert und 1-3 Tage im Sonnenlicht in Wasser ziehen läßt. Dieser Trank wird „Elixier der Sonne" genannt.

Der Gebrauch von Sinicuichi ist in der BRD rechtlich nicht geregelt.

d) MDMA (Ecstasy)
(Midomanfetamin)

MDMA ist die Abkürzung für „3,4-Methylendioxy-N-methylamphetamin". MDMA ist ein Amphetamin-Derivat mit sehr starker Wirkung. MDMA ist der ursprüngliche Wirkstoff in Ecstasy – und ist es auch noch heute, wenn reines Ecstasy vorliegt. Ecstasy wird auch „XTC" genannt.

MDMA wurde 1912 in dem Pharma-Konzern Merck in Darmstadt erfunden, aber sein psychoaktives Potential wurde erst 1962 entdeckt. Von 1978-1985 wurde MDMA in der Psychotherapie benutzt, aber dann 1985 verboten. Seit 2001 ist MDMA bei der Behandlung posttraumatischer Belastungsstörungen wieder erlaubt.

Ecstasy ist eine vor allem im Rave-Bereich sehr beliebte „Partydroge", da es die Stimmung aufhellt, kontaktfreudiger macht und die Wahrnehmung der eigenen Gefühle verstärkt – allerdings sowohl die angenehmen als auch die unangenehmen. Zudem steigert Ecstasy den Bewegungsdrang und die Sensibilität – hingegen werden die Wahrnehmung von Hunger, Durst und Schmerz verringert. Eine spezielle Wirkung ist es, daß Berührungen als angenehm empfunden werden – Ecstasy ist eine „Kuscheldroge". Diese Wirkung wird noch dadurch abgerundet, daß soziale Ablehnung nur noch in eingeschränktem Maße wahrgenommen wird.

Die dem Mescalin ähnliche Wirkung hält 4-6 Stunden an. Nach der Einnahme sind 4-6 Wochen Pause notwendig, um wieder die ursprüngliche Wirkungsintensität erreichen zu können – man kann Ecstasy folglich maximal 10 mal im Jahr nehmen.

Der Genuß von Ecstasy ist weitgehend an Tanzpartys mit elektronischer Musik („Rave") gekoppelt und wird daher vorwiegend am Wochenende konsumiert.

Eine Abhängigkeit ist nicht bekannt – lediglich der Verzicht auf Ecstasy im Umfeld von Tanzpartys fällt manchen Konsumenten schwer.

Ecstasy ist sogar unschädlicher als Cannabis – die schädlichsten Drogen sind nach wie vor Alkohol und Heroin.

Der „Drogen-Kater" von Ecstasy ist die „Feier-Depri", also die Depression nach dem Ende der Feier und dem Ende der Wirkung des MDMA.

Es sind Orgasmusstörung, geringe Störungen des Gedächtnisse, Unterkühlungen und manchmal psychische Probleme beobachtet worden. Eine Gefahr ist die Überhitzung beim Tanzen, da diese Hitze (40°-42° Fieber) und der Durst nicht wahrgenommen werden – es ist also bewußtes häufiges Trinken notwendig.

Manchmal treten Panikattacken und Depersonalisation, selten auch Halluzinationen oder eine gesteigerte Aggressionsbereitschaft auf.

Todesfälle sind extrem selten. Durch gemischte Ecstacy-Pillen, die kein oder nur wenig MDMA, sondern andere Stoffe enthielten, ist es jedoch auch schon zu Todesfällen gekommen. Inzwischen sind jedoch wieder hauptsächlich reine MDMA-Pillen im Umlauf (BRD: 2008: 97% der Pillen waren reines MDMA).

9. Bewußtseins-erweiternde Drogen

Letztlich sind natürlich alle Drogen bewußtseinserweiternd, da sie das Wachbewußtsein für den unterbewußten Bereich und somit für die Lebenskraft öffnen.

Neben den Drogen der Gruppe „LSD, LSA, Mescalin, Psilocin, DMT", die lebhafte Visionen hervorruft und die manchmal auch zu einer tiefergehenden Selbsterkenntnis führen, ist vor allem der Salbei eine bewußtseinserweiternde Droge.

Weiterhin gehört noch der rituelle Trank der Indogermanen, der zum Erlangen der Unsterblichkeit und somit zum vollen Bewußtsein der eigenen Seele führen sollte, zu dieser Gruppe von Drogen. Auch die Ägypter („Hathor-Trank"), die Mayas („Balché") und einige andere Völker besaßen einen solchen Trank, dessen Symbolik auf das Wiederstillen der Toten durch die Muttergöttin im Jenseits zurückgeht. Letztlich gehört auch der Abendmahlswein in diese Symbolik der Tränke, deren Genuß eine spirituelle Verwandlung in dem Trinker auslösen soll. Der bekannteste dieser magischen Tränke ist sicherlich das Lebenselixier der Alchemisten.

a) Met

Der Honigwein ist bei den Germanen und Kelten sowie allgemein bei den Indogermanen ein Entheogen gewesen. Allerdings hat dieses Getränk mit meistens eher geringem Alkohol-Gehalt eher eine rituelle als eine biochemische Wirkung – es sei denn, daß dem Met psychoaktive Kräutern beigefügt worden sind.

In Nordchina ist Met seit 7000 v.Chr. nachgewiesen, in Europa seit 2800 v.Chr. Ursprünglich ist Met vor allem im Totenkult verwendet worden – er war der Wiedergeburts-Trank, d.h. die symbolische Milch der Muttergöttin. Bei manchen Völkern wurde dem Met Milch beigemischt – er war dann das Getränk aus dem „Land in dem Milch und Honig fließen", d.h. der Trank des Jenseits.

b) Soma/Haoma

Das indische Soma und das persische Haoma sind Varianten des germanisch-keltischen Mets. Der Soma-Trank wird im indischen Rig-Veda auch „Madhu" genannt. Das indogermanisch Wort für den Honig und vermutlich auch für den Honigwein lautet „medhu".

In dem Somatrank ist neben Milch und Honig auch der Extrakt der „Soma" genannten Rankenpflanze enthalten gewesen. Trotz aller Erklärungsversuche ist unbekannt, worum es sich bei dieser Pflanze handelt. Dieselbe Pflanze wurde auch im persischen Haoma-Trank verwendet.

Die Wirkung des Soma/Haoma-Trankes wird als freudige Weitung und heitere Gelassenheit beschrieben. Diese Wirkung entspricht eher der Wirkung einiger Formen der Meditation als der Wirkung der meisten bekannten psychoaktiven Pflanzen – möglicherweise hat der rituelle Rahmen der Soma/Haoma-Zeremonie, in der u.a. verschiedene Götter angerufen wurden, einen großen Teil der Wirkung ausgemacht.

c) Azteken-Salbei
(Salvia divinorum)

Der Azteken-Salbei stammt aus der Sierra Mazateca in Mexiko, in der früher die Azteken gelebt haben. Er wird auch „Götter-Salbei“, „Wahrsage-Salbei“ und „Zauber-Salbei“ genannt.

Der Wirkstoff im Azteken-Salbei ist das Diterpen Salvinorin – das stärkste bekannte Halluzinogen.

Diese 0,5-2m hohe Pflanze ist erst seit 1980 im Westen allmählich bekannter geworden. Bei den Mazateken wird diese Salbei-Art als Heilölpflanze verwendet. Sie wird von den Schamanen geraucht und geräuchert, um Visionen zu erhalten.

Typisch für den Azteken-Salbei scheint es zu sein, daß er in Bereiche führt, in denen sich die Grenzen der eigenen Persönlichkeit weitgehend auflösen und man sich grenzenlos bzw. abgrenzungslos fühlt.

10. Astralreisen-verursachende Drogen

Dies ist eine etwas heikle Gruppe von Drogen, da eine Astralreise dann auftritt, wenn man einen todesähnlichen Zustand erreicht hat. Dies kann zwar auch eine sehr tiefe Entspannung sein, aber bei einer Drogen-induzierten Astralreise ist die Methode eben die Annäherung an den Tod, also die Herbeiführung eines Nahtod-Erlebnisses. Das bedeutet, daß man sich durch die Droge dem eigenen Tod annähert. Das Ziel ist natürlich, den mehr oder weniger schmalen Bereich zwischen der wirksamen Dosis und der tödlichen Dosis zu erreichen – aber diese Methode kann eben auch lebensgefährlich werden.

a) Schwarzes Bilsenkraut
(Hyoscyamus niger)

Dieses Nachtschattengewächs ist ein 30-60cm hohes Kraut mit spindelförmiger Wurzel und klebrigen Drüsenhaaren am Stengel, die unangenehm riechen. Die Blüten sind trichterförmig – ihre Farbe ist ein schmutziges, gelbliches Weiß mit violetten Adern. Die Bilsenkraut-Samen bleiben mehr als 600 Jahre lang keimfähig.

Die Pflanze findet sich in Europa, Nordafrika bis Indien und China, auf den Kanarischen Inseln und auf Madeira. Sie wächst bis auf Höhen von 3000m. In Eurasien und Afrika ist sie weit verbreitet.

Das Schwarze Bilsenkraut, das auch „Hexenkraut" genannt wird, ist ein Entheogen, da es eine der Zutaten der Hexensalben ist, die Astralreisen verursacht (der Flug der Hexen auf dem Besen).

Die ganze Pflanze ist giftig, am meisten jedoch die Wurzel und Blätter. Die Giftigkeit beruht auf den Alkaloiden – vor allem Hyoscamin und Scopolamin.

Das Schwarze Bilsenkraut bewirkt Unruhe, Schläfrigkeit, Halluzinationen bzw. Visionen, Verwirrung, Herzrhythmusstörungen und Bewußtlosigkeit bis hin zum Tod durch Atemstillstand. Es können auch Gedächtnisverlust und Verhaltensstörungen auftreten. Die angestrebte Wirkung ist die Astralreise, also das Verlassen des eigenen Körpers wie bei einem Nahtod-Erlebnis.

Die wirksame Dosis und die tödliche Dosis liegen nach beieinander; zudem schwankt der Wirkstoffgehalt sehr stark. Daher ist die Verwendung dieser Pflanze sehr gefährlich.

Bis ca. 1650 ist auch Bier mit Bilsenkrautsamen-Extrakt im Umlauf gewesen.

b) Ägyptisches Bilsenkraut
(Hyoscyamus muticus)

Auch dieses Nachtschattengewächs ist ein Entheogen. Das Kraut wird bis zu 90cm hoch, hat einen unangenehmen Geruch und lange, traubige Blütenstände.

Dieses Bilsenkraut ist in Syrien, Jordanien, Saudi-Arabien, Ägypten, Libyen, Algerien, Sudan, Äthiopien, Tschad und Niger beheimatet.

Das Ägyptische Bilsenkraut hat den höchsten Hyoscamin- und Scopolamin-Gehalt aller Bilsenkräuter. Trotzdem sind lebensbedrohliche Vergiftungen sind selten.

Schon um 3000 v.Chr. wurde sie in Mesopotamien als Heilpflanze verwendet. Die Erfinder des Biers mit Bilsenkraut waren vermutlich die Assyrer. In Ägypten wurde die Pflanze als Rauschmittel verwendet. Der Extrakt aus diesem Kraut wurde als „antike K.o.-Tropfen" verwendet – vor allem von Dieben und Räubern, die ein paar Tropfen Bilsenkraut-Essenz in das Getränk ihrer Opfer mischten, die sie danach in aller Ruhe ausrauben konnten.

c) Schwarzer Nachtschatten
(Solanum nigrum)

Dieses einjährige, bis zu 70cm hohe Kraut hat kleine, weiße, fünfblättrige Blüten und violett-schwarze Beeren, die diesem Nachtschattengewächs seinen Namen gegeben haben. Er kommt bis auf eine Höhe von 3000m vor und ist sehr anpassungsfähig.

Dieses Kraut wächst in Europa, Afrika, Süd- und Ostasien, Neuseeland und Nordamerika. Der Ursprung dieser Pflanze ist vermutlich die europäische Mittelmeerküste. Heute ist sie nahezu weltweit verbreitet.

Alle Pflanzenteile enthalten die Alkaloide Solanin, Solasonin, Solamargin und Chaconin. Sie rufen Atembeschwerden und Herzrasen hervor und können zum Tod durch Atemstillstand führen. Für kleinere Tiere ist die Pflanze tödlich, weshalb sie auch den Namen „Hühnertod" trägt.

Die Blätter und Früchte werden jedoch auch als Gemüse verwendet – der Alkaloidgehalt hängt sehr stark von der Art des Bodens und dem Alter der Pflanze sowie von der Art der Zubereitung ab.

c)   Stechapfel
(Datura stramonium)

Diese 0,2-1,2m hohe Pflanze stammt aus Mexiko und dem Süden der USA. Möglicherweise ist sie jedoch auch in Europa und Indien heimisch. Sie ist heute weltweit verbreitet.

Der Weiße oder Gemeine Stechapfel ist ein Entheogen. Er enthält vor allem Wurzeln und Samen die Alkaloide Hyoscamin und Scopolamin. Die Pflanze ist sehr giftig und ist daher für das Herbeiführen einer Astralreise, also eines Nahtod-Erlebnisses geeignet – aber eine falsche Dosierung kann tödlich sein.

Die Pflanze wird geraucht, als Tee getrunken oder gekaut (die Wurzeln).

d)   Schwarze Tollkirsche
(Atropa belladonna)

Dieses europäische Nachtschattengewächs wird 0,3-1,5m hoch.

Sie enthält vor allem in den Blättern bis 1,4% der Alkaloide Hyoscyamin, Apoatropin und Scopolamin. Als Zutat von Hexensalben ist sie ein Entheogen.

Sie ist sehr giftig.

e)   Krainer Tollkraut
(Scopolia carniolica)

Dieses europäische Nachtschattengewächs wird 20-80cm hoch.

Aufgrund der enthaltenen Alkaloide Hyoscamin und Scopolin ist es sehr giftig und wurde eben deshalb für die Herstellung von Hexensalben verwendet.

f)   Fliegenpilz
(Amanita muscaria)

Der Fliegenpilz stammt aus den Birkenwäldern auf der nördlichen Halbkugel, aber ist heute weltweit zu finden.

Seine Wirkung ist in Sibirien seit mindestens 5000 v.Chr. bekannt. Dort haben ihn die Schamanen in Ritualen und im Kult verwendet – der Fliegenpilz ist folglich ein Entheogen.

Der Wirkstoff ist die Ibotensäure. Die bis zu 3 Stunden anhaltende Wirkung ähnelt einem Alkoholrausch: Verwirrung, Sprachstörungen, Störungen der Bewegungsfähigkeit, starke motorische Unruhe, Mattigkeit. Es können Angstgefühle, Depressionen, Gleichgültigkeit oder auch Euphorie bis hin zu seligem Glücksrausch auftreten. Markant sind auch die Störungen des Persönlichkeits-, Orts- und Zeitgefühls. Das häufig berichtete Gefühl des Schwebens ist ein Hinweis auf die Astralreise. Es treten auch überdurchschnittliche Leibeskräfte auf. Farbillusionen sind häufig, echte Halluzinationen mit Realitätsverlust hingegen selten. Zittern und Krämpfe sind häufige Begleiterscheinungen. Anschließend an den Rausch verfallen die meisten Konsumenten in einen tiefen Schlaf, der 10 bis 15 Stunden dauert. Oft besteht keine Erinnerung an die Erlebnisse. In seltenen Fällen treten Interessenlosigkeit, leichte Ermüdbarkeit und Gedächtnisschwäche als Spätfolgen auf.

Es ist kein Todesfall nur durch Fliegenpilz bekannt.

g) Ololiuqui
(Turbina corymbosa)

Diese Kletterpflanze wird 4-10m lang und ist in Mittelamerika eine rituelle Droge und Heilpflanze.

Schon die Azteken verwendeten sie im Ritual und in der Medizin. Sie nannten sie „Coatl xoxouqui", d.h. „Grüne Schlange".

Die aus dieser Pflanze gewonnene Droge wird als „Ololiuqui", d.h. „Rundes Korn" bezeichnet – damit sind die Samen gemeint.

Der Samen enthält LSA (Lysergsäureamid) und LSH (Lysergsäurehydroxyehtylamid) sowie weitere Alkaloide.

Meistens werden die Samen, seltener die Blätter und Wurzeln verwendet. Der Honig, den die Bienen aus dieser Pflanze erschaffen, wurde von den Mayas für die Herstellung des rituellen Balché-Tranks verwendet.

Ololiuqui wurde benutzt, um Tote herbeizurufen, um böse Geister zu vertreiben und um Wahrsagungen (mithilfe der Ahnen) durchzuführen. Diese Anwendungen sind ein Hinweis darauf, daß diese Pflanze entweder eine Astralreise oder luzide Träume hervorruft, da man in beiden Fällen den Kontakt zu den Ahnen herstellen kann. Bei der sehr giftigen Ololiuqui ist es die Astralreise, also die Herstellung eines Nahtod-Erlebnisses.

In der BRD gibt es keine gesetzliche Regelung zu Ololiuqui.

h) Beach Moonflower
(Ipomoea violacea)

Diese Pflanze, die keinen deutschen Namen hat, wird entweder „Beach Moon-flower" oder „Sea Moonflower" genannt. Diese zu den Prunkwinden gehörende Pflanze wächst in den tropischen Küstenregionen. Ihre weißen Blüten öffnen sich Nachts – daher der Name „Moonflower", d.h. „Mondblume".

Ihre Samen enthalten wie bei Ololiuqui LSA und LSH und wirken daher auch wie Ololiuqui.

i) Gefleckter Schierling
(Conium maculatum)

Der Gefleckter Schierling wird 0,8-2m hoch. Er stammt aus Europa und Asien und ist eine der giftigsten einheimischen Pflanzen.

Der Wirkstoff ist das Pseudoalkaloid Coniin, das zu 1,5-2% in der Pflanze enthalten ist – vor allen in den unreifen Früchten.

Der Gefleckter Schierling wurde früher als Gifttrank bei Hinrichtungen verwendet (u.a. Sokrates). Er führt zum Tod durch Atemlähmung.

Aus diesem Grund ist er auch als (sehr gefährlicher) Entheogen verwendet worden – am bekanntesten ist seine Benutzung im Odin-Kult.

Schierling ist tödlich!

j) Wasserschierling
(Cicuta virosa)

Der Wasserschierling wird 0,5-1,5m hoch und findet sich in Europa, Asien, Alaska und Kanada.

Bei ihm sind vor allem seine Knollen giftig. Sie enthalten 0,2% Cicutoxin, das zum Atemstillstand führen kann.

k) Chloroform

Chloroform wurde früher als Betäubungsmittel bei Operationen verwendet. Ein gut bekannter Effekt dieses Mittels ist, daß viele Patienten dabei eine Astralreise erlebt haben, d.h. sie haben über ihrem eigenen Körper schwebend die Operation an ihrem physischen Leib miterlebt.

III Meditationen, Traumreisen u.a.

Die Möglichkeiten in Meditation, Ritual, Kult, Magie, Traumreisen usw. sind nicht weniger vielfältig als die große Anzahl von Drogen, von denen im vorigen Kapitel eine kleine Auswahl kurz beschrieben worden ist.

Auch in der folgende Übersicht wird daher nur eine kleine Auswahl von Methoden kurz dargestellt.

Die meisten der in diesem Kapitel kurz dargestellten Themen wie Telepathie, Telekinese, Mandalas, Rituale usw. habe ich in meiner Buch-Reihe „... für Anfänger" ausführlich dargestellt.

1. Wahrnehmung

Es gibt grundsätzlich zwei Arten der Tätigkeit – sowohl im Alltag als auch in Magie und Meditation: die Wahrnehmung und die Handlung. Idealerweise sollten beide Fähigkeiten annähernd gleich gut ausgebildet worden sein, da es unpraktisch ist, viel zu sehen, aber nichts tun zu können – und genauso unpraktisch ist es, viel zu tun, aber keinen Plan von der Situation zu haben, in der man sich befindet.

a) Schauen

Die einfachste Form der Wahrnehmung ist einfach das Schauen. Damit ist nicht das schlichte optische Schauen gemeint, sondern ein aufmerksames Betrachten. Dabei wird die gesamte Situation angeschaut, ihr Umfeld, ihre Vorgeschichte, ihre möglichen Weiterentwicklungen – und auch das Gefühl, das man dabei hat, die Reaktionen, die man in sich und evtl. auch in anderen wahrnehmen kann.

Diese einfache Form der Aufmerksamkeit kann sehr hilfreich sein.

b) Telepathie

Telepathie ist die Wahrnehmung von Dingen, zu denen man keinen direkten physischen Zugang hat. Die bekannteste Form der Telepathie ist, daß fast jeder Mensch es merkt, wenn er von hinten angestarrt wird.

c) Omen

Omen sind Ereignisse, die symbolisch oder in kleiner Form das darstellen, was kurze Zeit später in großer Form geschehen wird. Man kann Omen auch auch als die Gleichzeitigkeit von Ereignissen auffassen – genau genommen als dieselbe Qualität in allen Dingen, die zu einem bestimmten Zeitpunkt geschehen. Solche Omen können sehr schlicht, aber auch sehr komplex sein.

Wenn man sich z.B. bei einem Spaziergang mit einem Freund darüber unterhält, daß man die eigene Arbeitsstelle kündigen will und dabei stolpert und fast hinfällt, könnte es sein, daß man dieses Vorhaben noch einmal genau überdenken sollte.

d) Orakel

Ein Orakel ist ein „absichtliches Omen" mithilfe eines Systems von Symbolen, die die ganze Welt darstellen wie z.B. den Tarotkarten oder dem I Ging.

Die „zufällig" bzw. intuitiv ausgewählten Symbole stellen die Antwort auf die eigene Frage dar, weil das benutzte System von Symbolen die Welt als Ganzes darstellt und daher mit ihr in Analogie steht, d.h. sich in demselben Zustand befindet.

e) Astrologie

Auch die Astrologie ist ein Orakel, auch wenn sie im Gegensatz zu den „subjektiven" Orakeln wie dem Tarot zunächst einmal einen sehr „objektiven" Eindruck macht, da sie sich an dem Lauf der Planeten orientiert. Die Frage nach „subjektiv" (der Mensch zieht eine Tarot-Karte) und „objektiv" ist hier jedoch nicht relevant, da alle Ereignisse zu einem bestimmten Zeitpunkt dieselben Qualitäten haben und dadurch in Analogie miteinander stehen.

f) Traumreisen

Traumreisen sind letztlich etwas ganz Normales, was jeder kennt, aber was nur wenige als bewußte Fähigkeit geübt haben: Sie sind die Koordination zwischen dem Wachbewußtsein und dem Traumbewußtsein, also dem Unterbewußtsein.

In diesem Zustand befindet man sich z.B., wenn man morgens erwacht und noch fünf Sekunden weiterträumt und dem Traum bewußt wie einem Film im Kino zuschauen kann. Eine andere Variante ist der Tagtraum – z.B. wenn man im Zug sitzt und aus dem Fenster schaut und dann plötzlich wieder merkt, daß man ja im Zug ist, obwohl man gerade in Gedanken wieder den letzten Urlaub am Meer erlebt hat und das Rauschen des Meeres gehört und den Sand unter den Füßen gespürt hat.

Diese Traumreisen kann man benutzen, um das eigene Innere zu erforschen, aber da die Telepathie sozusagen das Wahrnehmungsorgan des Unterbewußtseins ist, kann man durch Traumreisen auch verlorene Dinge wiederfinden, Symbole erforschen oder mit spukenden Geistern und Gottheiten reden.

Die Standard-Version von Bildern, die man auf einer Traumreise sieht, sind die Art, in der man auch meistens träumt: leicht unscharfe Bilder in Grautönen, die von einem Dämmerlicht erfüllt sind und nur hier und da ein wenig koloriert sind. Es gibt jedoch mehrere Steigerungen dieser „normalen Bilder", die dabei immer farbiger und leuchtender werden und zugleich eine immer tiefere Symbolik enthalten.

g) Visionen

Eine Vision ist ein inneres Bild oder eine telepathische Wahrnehmung, die in das äußere Bild integriert wird. Wenn der Betreffende das nicht erkennt, entsteht eine Halluzination – wenn sich der Betreffende dessen bewußt ist und die Symbolik und die Aussage des in die äußere Wahrnehmung eingefügten Bildes erkennt, handelt es sich um eine Vision.

Solche Visionen können einen Menschen sehr tief berühren und evtl. auch das zukünftige Verhalten stark prägen.

h) Familienaufstellungen

Bei einer Familienaufstellung stellen einige der Teilnehmer Personen aus dem Leben des Ratsuchenden dar und verhalten sich intuitiv genau so wie die Person, die sie darstellen, obwohl sie über diese Personen nichts wissen. Man kann diesen Vorgang am ehesten als eine Form der kollektiven Telepathie auffassen.

Man kann diesen Vorgang auch mit dem Legen von Tarot-Karten vergleichen: So wie man vor dem Karten-Ziehen die Positionen definiert hat, auf die man dann die gezogenen Karten legt (z.B. Person A, Person B, ihr Verhältnis, die Lösung), so sind auch die Personen, die bei einer Familienaufstellung dargestellt werden, solche „Plätze". An die Stelle der Tarot-Karten, die man intuitiv zieht und auf diese Plätze legt, stellen sich bei der Familienaufstellung Teilnehmer auf diese Positionen und verhalten sich intuitiv auf die passende Weise.

2. Magische Handlungen

Magische Handlungen können sehr verschieden aussehen, aber sie haben alle gemeinsam, daß sie sie von innen her vom Bewußtsein ausgehen.

a) Imagination

Eines der beiden wichtigsten Instrumente der Magie ist die Imagination: Man stellt sich das Erwünschte innerlich möglichst intensiv, präzise, farbig und leuchtend vor. Diese Imagination kann innerlich mit geschlossenen Augen erfolgen (z.B. beim Erwecken eines Chakras) oder auch äußerlich mit offenen Augen (z.B. der schützende Bannkreis beim Pentagramm-Ritual).

b) Konzentration

Das zweite der beiden wichtigsten Hilfsmittel ist die Konzentration: Je klarer und eindeutiger und entschiedener man den eigenen Willen und die eigene Vorstellung auf ein Ziel ausrichtet, desto effektiver wirkt sich dieser Wille in der Welt aus und desto wirksamer ruft dieser Wille das erwünschte Ereignis herbei.

c) Telekinese

Telekinese ist Gegenstück zur Telepathie: Sie ist die nicht-materielle Handlung. Bei der Telekinese werden entweder Gegenstände nur durch Wille und Vorstellung bewegt oder eine physische Handlung wird durch durch Wille und Vorstellung wesentlich kraftvoller. Letzteres ist u.a. die Grundlage der meisten fernöstlichen Kampfsportart.

d) Feuerlauf

Bei einem Feuerlauf geht man barfuß über glühende Kohlen. Man kann auch stehenbleiben, sich nackt in die Glut legen oder ein paar Stücke Glut aufessen – der eigenen Kreativität sind hier keine Grenzen gesetzt.

Die Teilnahme an einem Feuerlauf ist ideal, wenn man Zweifel daran hat, ob es nicht-physikalische, also magische Handlungsmöglichkeiten gibt.

e) Pentagramm-Ritual

Das Kleine Pentagramm-Ritual dient vor allem dem Schutz; das Große Pentagramm-Ritual dient vor allem der Anrufung der vier Elemente in der Form der vier Erzengel und somit dem Aufladen des eigenen Leibes mit Lebenskraft.

f) Hexagramm-Ritual

Mithilfe der Hexagramm-Rituale kann Lebenskraft gerufen werden, die von einem der sieben klassischen Planeten geprägt ist.

3. Astralreise

Die Astralreise ist eins der zentralen Erlebnisse in Magie, Meditation und Religion, da man dabei erlebt, daß man mehr als nur der eigene physische Körper ist.

Bei der Astralreise verläßt man den eigenen Körper und schwebt dann über sich selber. Dabei erlebt man sich selber meistens als Geist, also als eine neblige und schwach leuchtende Gestalt, in der sich das eigene Bewußtsein und die Wahrnehmungsfähigkeit befindet.

Die Astralreise ist der Ursprung von Religion und Magie, da beide das Weltbild der nicht-physikalischen Dinge und die Anwendung dieses Weltbildes sind.

a) Entspannung

Die Standard-Methode ist die immer tiefere Entspannung, die über die Stufen „Ruhe, Entspannung, Schwere, Wärme, Vibrieren, Schwanken, Loslösen, Schweben" schließlich zu der Astralreise gelangt.

Dieselben Stufen – zumindestens die ersten vier – werden auch beim Erwecken der Kundalini und in der Hypnose verwendet.

Dies sind auch die Stufen des Einschlafens: Auch im Schlaf verläßt man seinen physischen Leib mit seinem Astralkörper – allerdings unbewußt.

b) Luzides Träumen

Da man sich im Schlaf in einer unbewußten Astralreise befindet, kann man auch durch das Erwachen im Traum zu einer bewußten Astralreise gelangen.

Wenn man zunächst einmal in den eigenen Träumen erwacht, ist man „innerlich bewußt" und befindet sich im luziden Träumen, d.h. in einer Traumreise. Wenn es einem dann auch noch gelingt, die Wahrnehmung nach außen zu richten, wird man auch „äußerlich bewußt" und befindet sich dann in einer Astralreise.

c) Nahtod-Erlebnisse

Die vermutlich häufigste Fall einer bewußten Astralreise sind die Nahtod-Erlebnisse, die in Gefahren-Situationen oder in extremen Streß-Situationen auftreten. In einem solchen Fall beschließt der Astralkörper, den physischen Körper aufzugeben und ihn zu verlassen, sodaß man sich auf einmal von außen her in der bedrohlichen Situation zuschaut.

Wenn dabei das Wachbewußtsein erhalten bleibt, ist dies eine Astralreise – wenn dabei das Wachbewußtsein nicht erhalten bleibt, ist dies eine Ohnmacht. Es gibt allerdings keine scharfe Grenzen zwischen diesen beiden Möglichkeiten, sondern eine Grauzone, in der das Wachbewußtsein verschieden klar und präsent ist.

4. Lebenskraft

Man kann den Bereich zwischen Bewußtsein und Materie als „Lebenskraft" bezeichnen. Hier finden Telepathie und Telekinese statt und hier finden sich auch die Analogien, die die Omen, die Orakel, die Astrologie und die Magie ermöglichen.

Dieser Übergangsbereich zwischen Bewußtsein und Materie in einem einzelnen Menschen ist dessen Lebenskraftkörper, der meist „Astralkörper" genannt wird. Die Organe dieses Lebenskraftkörpers sind die Chakren. Die Kundalini ist der Haupt-Lebenskraftfluß in diesem Lebenskraftkörper.

Man kann diese Lebenskraft auch direkt wahrnehmen. Dann erscheint sie als ein milchigweißes Leuchten mit einem leichten Blauschimmer. Dies wird in Eurasien meistens als „Nebel" umschrieben, von den Indianern in Amerika hingegen als „Rauch".

Wenn man den Lebenskraftkörper eines anderen Menschen wahrnimmt, hat er in etwa die Gestalt eines „Menschen aus leicht leuchtendem Nebel". Die Wahrnehmung des Lebenskraftkörpers eines Toten in dieser Form ist der Ursprung der Darstellung von Geistern als „Bettlaken-Gespenstern".

Manchmal nimmt man die Lebenskraft auch nur als schwach leuchtenden nebligen Schimmer um den Kopf eines Menschen („Heiligenschein") oder bei einem Tier oder einer Pflanze wahr.

a) Wille und Imagination

Die Lebenskraft wird durch Wille und Imagination gelenkt, da sie der Bereich zwischen Bewußtsein und Materie ist.

b) Pranayama

Um die Imagination zu erleichtern, wird sie oft mit dem Atem gekoppelt, d.h. man atmet in einem bestimmten Rhythmus, stellt sich dabei bestimmte Dinge vor (meist den Fluß der Lebenskraft im eigenen Körper) und spricht dabei innerlich bestimmte Worte, die das beschreiben, was man gerade tut.

5. Kundalini

Die Kundalini ist, wie bereits im vorigen Kapitel gesagt, der Hauptlebenskraftfluß im Lebenskraftkörper. Er führt vom Wurzelchakra (zwischen Genitalien und After) zum Scheitelchakra.

Das Erwachen der Kundalini ist neben der Astralreise eines der intensivsten Erlebnisse mit dem nicht-physikalischen Anteil des Menschen.

a) Pranayama

Diese Methode kann man auch auf die Kundalini anwenden: Man stellt sich dann vor, daß sie in der Mitte des Körpers als Schlange oder als Feuerstrahl aufsteigt.

b) Mantren

Die Worte, die während der Imagination das eigene Ziel oder die eigene Handlung beschreiben, werden in Indien „Mantra" genannt. Sie sind unter anderem auch eine gute Konzentrationshilfe, da das Bewußtsein oft zum Abschweifen neigt und durch das innerliche Sprechen eines Mantras beschäftigt ist.

c) Lebenskraft-Pumpe

Man kann das Erwachen der Kundalini auch durch physische Übungen fördern. Die wichtigste von diesen Übungen ist das rhythmische Anspannen und Loslassen der Beckenbodenmuskulatur – in ihr befindet sich das Wurzelchakra, von dem aus die Kundalini zum Scheitelchakra emporsteigt.

d) Traumreisen

Es gibt nur wenige Dinge in der Magie und und in der Meditation, bei denen eine Traumreise nicht hilfreich sein könnte. Bei dem Bestreben, die eigene Kundalini zu erwecken, sind naheliegenderweise Traumreisen zu der eigenen Kundalini hilfreich, da die eigene Kundalini am besten weiß, wie man sie erwecken bzw. sich die Kundalini bewußt machen kann.

6. Seele

Die Seele ist ein Begriff, der auf recht verschiedene Weisen verwendet wird. In diesem Buch bezeichnet „Seele" das, was sich in einem Menschen inkarniert hat und was von ihm nach seinem Tod weiterbestehen bleibt.

Die Seele ist sozusagen die Eichel, aus der dann die Eiche wächst. Diese „Eichel" ist die Quelle, die Mitte und die innere Sonne.

a) Traumreise zur Mitte

Die einfachste Möglichkeit, die eigene Seele kennenzulernen, ist eine Traumreise zur eigenen Mitte. Dabei kann man z.B. ein Mitte-Symbol als Traumreisen-Tor benutzten oder in der Traumriese zum Weltenbaum reisen und dort die eigene Seele rufen.

b) Tempelstadt-Meditation

Eine ähnliche Methode ist die Imagination der Wanderung in die „Sonnenstadt", in deren Mitte ein runder Tempel steht, der das Herzchakra symbolisiert. Dort ruft man dann die eigene Seele herbei.

c) Mandala

Ebenfalls recht ähnlich ist die Verwendung eines Mandalas, das die innere „Geographie" eines Menschen darstellt: Der äußere Kreisring ist der Körper, der mittlere Kreisring ist die Psyche und der innere Kreis ist die Seele. Zu dieser Mitte kann man in einem Ritual oder in einer Meditation schrittweise von außen her gehen. Oft gibt es vier Wege von außen nach innen, die den vier Elementen entsprechen.

Mann kann auch das eigene Horoskop als Mandala benutzen, indem man die Planetensymbole auf Zettel malt und sie so in einen Kreis legt, wie sie in dem eigenen Horoskop stehen. Das Zentrum ist dann sowohl das bewußte Ich als auch die eigene Seele. Dort stellt man sich dann hin und schaut, was man dort wahrnimmt.

d)   Familienaufstellung

Bei einer Familienaufstellung kann man nicht nur konkrete Personen aufstellen, d.h. durch einen Teilnehmer darstellen lassen, sondern auch die eigene Seele. Dieses Verfahren ähnelt der Mandala-Methode.

e)   Trommeln

Menschen, die ihre eigene Seele bereits kennen und die ein größeres Interesse an diesem Thema haben, finden manchmal eine Möglichkeit, auch die Seele eines anderen herbeizurufen und sie dem Betreffenden bewußt zu machen.
Diese Methode kann u.a. ein schlichtes Trommeln sein.

7. Götter und Geister

Es gibt die Möglichkeit, auch die Geister von Toten, von Naturwesen und von Gottheiten wahrzunehmen und mit ihnen zu sprechen und Hilfe von ihnen zu erhalten.

a) Traumreisen

Die einfachste und naheliegendste Methode ist wieder die Traumreise, die in der Magie und in der Meditation sozusagen das Allzweck-Handwerkszeug ist.

b) Invokationen

Bei der Invokation identifiziert sich derjenige, der die Gottheit anruft, mit ihr. Dabei beschreibt man zunächst die Gottheit aus der Distanz („Sie ist …"), dann spricht man die Gottheit, die einem gegenübersteht, an („Du bist …"), und schließlich spricht man als diese Gottheit („Ich bin …").

c) Evokationen

Bei der Evokation ruft man einen Geist herbei und bittet ihn, im Außen sichtbar zu werden. Die Evokation ist also eine Methode, mit der man eine Vision herbeiführen kann, d.h. ein inneres Bild (aus dem Bereich der Lebenskraft) in die äußeren Wahrnehmungen integriert.

d) Schwitzhütte

Die Schwitzhütte ist vermutlich das älteste Ritual. Es verkörpert die Rückkehr in den Bauch der Mutter und stellt das Urvertrauen wieder her.

8. Bewußtseins-Bewegungen

Das Bewußtsein ist beweglicher und hat mehr Möglichkeiten als man normalerweise in unserer Kultur denkt. Das drastischste Erlebnis ist natürlich die Astralreise, aber es gibt auch noch einige andere Möglichkeiten.

a) Silberschnüre

Die telepathischen Verbindungen zwischen zwei Menschen oder zwischen einem Menschen und einem Tier, einem Gegenstand usw. kann als eine Lebenskraft-Schnur wahrgenommen werden. Man kann diese „silbernen", d.h. milchigweiß leuchtenden Schnüre auch gezielt herstellen und auflösen.

b) Hypnose

Bei der Hypnose schaltet der Hypnotiseur das Wachbewußtsein des Hypnotisierten aus und stellt sich selber an dessen Stelle und kann den Hypnotisierten dann in begrenztem Maße lenken.

c) Bewußtseinsübertragungen

Sehr ähnlich wie die Hypnose, aber deutlich unspektakulärer ist die Übertragung oder Ausdehnung des eigenen Bewußtseins auf den Körper eines anderen Menschen, wodurch man dann die Chakren und Organe des anderen wahrnehmen und auch verändern (in der Regel also heilen) kann.

9. Mantren

Mantren sind zunächst einmal Konzentrationshilfen. Wenn ein Mantra längere Zeit benutzt worden ist, lädt es sich jedoch gewissermaßen auf, sodaß man in Notsituationen auf dieses Mantra als „Lebenskraft-Vorrat" zurückgreifen kann.

Ein Mantra, das von einer Gruppe von Menschen gleichzeitig benutzt wird, kann entsprechend eine sehr hohe Kraft und Wirksamkeit entfalten.

a) Ein-Wort-Mantren

Mantren, die aus einem einzigen Wort bestehen, beschreiben in aller Regel das, was man anstrebt. Das gilt auch für einzelne Sätze oder kurze Lieder, die ständig wiederholt werden.

b) Zwei-Wort-Mantren

Die Mantren, die aus zwei Worten bestehen, sind dynamischer. Das erste Wort bezeichnet eine Kraftquelle wie z.B. „Ares" und das zweite Wort das Ziel wie z.B. „Kraft".

Das erste Wort spricht man (innerlich) beim Einatmen, das zweite beim Ausatmen.

Man kann sich zudem noch vorstellen, daß man in dem genannten Beispiel mit dem Einatmen Lebenskraft von „Ares" zu sich in das passende Chakra (vermutlich das Hara oder das Sonnengeflecht) zieht und diese Lebenskraft dann beim Ausatmen dort aufleuchten läßt.

10. Stille

Diese Meditation ist von der größtmöglichen Schlichtheit, aber dennoch sehr wirkungsvoll.

a) Stille-Meditationen

Man setzt sich hin und hört auf zu denken, sich Bilder vorzustellen oder etwas zu fühlen.

Vermutlich ist es für die meisten Menschen am einfachsten, einmal von jemandem, der diese Meditation bereits beherrscht, mit in diesen Zustand hineingenommen zu werden, damit man „auf den Geschmack kommt".

III Der kabbalistische Lebensbaum

Den kabbalistischen Lebensbaum eingehend zu beschreiben, würde den Rahmen dieses Buches bei weitem sprengen, weshalb hier nur eine kurze Einführung folgt.[1]

Der Grundgedanke ist, daß die Welt eine Einheit ist, die sich zu einer Vielheit ausdifferenziert – in den meisten religiösen Weltbildern wird diese Einheit als „Gott" bezeichnet und die Erschaffung der Vielheit als „Schöpfung". In einem rein naturwissenschaftlichen Weltbild wären dieser Dreischritt „Urknall → Evolution → Welt".

Diese drei Phasen finden sich überall:

Gott	→ Schöpfung	→ Welt
Urknall	→ Evolution	→ Welt
DNS	→ RNS	→ Zelle
Einzeller	→ Zelldifferenzierung	→ Vielzeller
Zeugung	→ Wachstum	→ Mensch
Grundgesetz	→ Verwaltung	→ Staat

Die anfängliche Einheit ist ein fester Punkt – ebenso das Endergebnis. Die Evolution läßt sich jedoch wieder in drei Schritte unterteilen: 1. Schaffung der Grundlagen, 2. Schaffung der Kernelemente, und 3. Schaffung der vielfältigen Abläufe.

Dadurch werden aus den drei Schritten nun fünf Schritte – der mittlere Schritt ist in drei Phasen differenziert worden. Diese Einteilung in fünf Phasen wird auch „Mittlere Säule" genannt.

Das Folgende sind einige Beispiele für diese Differenzierung:

Gott	→ Gottheiten	→ Seelen	→ Psychen	→ Menschen
Urknall	→ Energie	→ Atome	→ Moleküle	→ Welt
Einzeller	→ Zellkolonien	→ Fische	→ Reptilien	→ Menschen
Grundgesetz	→ Verfassung	→ Regierung	→ Behörden	→ Staat

Schließlich sind in dem Lebensbaum die drei Entwicklungsschritte in der Mitte noch einmal in je drei Phasen untergliedert worden, wodurch es nun „1+3+3+3+1=11" Phasen gibt.

---

1 Bei Bedarf findet sich eine Einführung in meinem Buch „Kursus der praktischen Kabbala" oder eine ausführliche Darstellungen in meinen drei Bänden „Blüten des Lebensbaumes – Band I, II, III".

ein System	1. Ebene: die drei Phasen eines Systems	2. Ebene: die drei Phasen eines Systems mit der Differenzierung der mittleren Phase	3. Ebene: die drei Phasen eines Systems mit der dreifachen Differenzierung der mittleren Phase, die wiederum dreigeteilt wird	3. Ebene – die klassische Darstellung des Lebensbaumes: *Anfang*: weiß *1. Phase*: grau, schwarz, gestrichelt *2. Phase*: blau, rot, gelb *3. Phase*: grün, orange, violett *Ergebnis*: braun

Man kann bei diesen Entwicklungsschritten „Form" und „Kraft" unterscheiden, wobei man diese „Kraft" auch als „Verwandlung" oder „Entwicklung" bezeichnen kann:

- Die Welt als Ganzes hat eine Form.

- Die Einheit am Anfang ist eine Form und die Vielheit am Ende ist eine Form, aber die Entwicklung von der Einheit zur Vielheit ist eine Kraft, d.h. eine Verwandlung und eine Entwicklung.

- Diese Entwicklung zwischen Einheit und Vielheit kann man wieder in drei Phasen zerlegen, die die Folge „Kraft – Form – Kraft" hat. Zusammen mit Einheit und Vielheit ergibt sich somit eine Folge aus fünf Schritten mit den Qualitäten „Form – Kraft – Form – Kraft – Form". Dabei bleibt die abwechselnde Folge von Kraft und Form erhalten.

Diese Struktur entspricht der sogenannten „Mittleren Säule". Die Form in der Mitte ist die Seele, die zwischen Gott (Einheit) und Welt (Vielheit) steht. Mit der Welt ist die Seele durch die Kräfte der Psyche verbunden – mit Gott ist die Seele durch die Kräfte der Götter verbunden.

- Diese drei Entwicklungsschritte kann man wiederum in drei Phasen zerlegen. Dabei bleibt die abwechselnde Folge von Form und Kraft weiterhin erhalten.

Diese Differenzierung läßt sich wie folgt darstellen:

1.	Form				
2.	Form –	Kraft			– Form
3.	Form –	Kraft –	Form –	Kraft	– Form
4.	Form – Kraft-Form-Kraft – Form-Kraft-Form – Kraft-Form-Kraft – Form				

Das detaillierte Verstehen der folgenden Beispiele für die Lebensbaum-Struktur in verschiedenen Bereichen ist nicht unbedingt nötig, um in den noch folgenden Kapiteln die Zuordnungen der Meditationen und Drogen zu dem Lebensbaum zu verstehen. Man sollte sich jedoch zumindestens den ersten Lebensbaum, der den Menschen beschreibt, ansehen, da er die Grundlage für die Ordnung in dem folgenden Kapiteln ist.

Die anderen Beispiele sind Hilfen, um die Struktur des Lebensbaumes zu verstehen zu können.

Der letzte dieser Lebensbäume beschreibt die verschiedenen Arten der Wahrnehmungen in den verschiedenen Bereichen des Lebensbaumes und ist von daher auch eine Grundlage für die folgenden Betrachtungen.

1. Der Lebensbaum des Menschen

Am interessantesten ist in Bezug auf das Thema „Meditation und Drogen" natürlich der Lebensbaums des Menschen. Er hat fünf Bereiche, die rechts angegeben sind, und sieht wie folgt aus:

Lebensbaum: Der Mensch			
	Kether Gott		Bereich: Gott
	Erste Ursache *Übergang zwischen Gott und Göttern*		
Binah Verbundenheit (Beziehungen zwischen Göttern)		**Chokmah** Expansion (Götter)	Bereich: Götter
	Da'ath Kontinuum (Mythologie)		
	Abgrund *Übergang zwischen Göttern und Seelen*		
Geburah Karma		**Chesed** Akasha-Chronik	Bereich: Seele
	Tiphareth Seele		
	Graben *Übergang zwischen Seele und Psyche*		
Hod Denken		**Netzach** Fühlen	Bereich: Psyche
	Yesod Unterbewußtsein		
	Schwelle *Übergang zwischen Psyche und Körper*		
	Malkuth Körper		Bereich: Körper

2. Die Superstringtheorie

Die Superstringtheorie ist das derzeit allgemein verwendete physikalische Modell. Es besteht aus einem elfdimensionalen mathematischen Raum.

Die erste Dimension ist die Zeit.

Die zweite, dritte und vierte Dimension sind die gewohnten drei Raumdimensionen, die grenzenlos sind (der „normale" Raum hat keine Grenzen).

Die fünfte bis zehnte Dimension, also die nächsten sechs Dimensionen, sind zwei Dreigruppen von Raumdimensionen, die jedoch extrem klein sind und nur weit unterhalb der Größe eines Elektrons in Erscheinung treten. Man kann sich das ungefähr so vorstellen, daß alle Linien in dem gewohnten dreidimensionalen Raum eigentlich „Seile" sind, die einen Durchmesser haben, den man jedoch normalerweise nicht wahrnimmt, weil dieser Durchmesser derartig klein ist. Diese kleinen Raumdimensionen sind abgegrenzt – im Gegensatz zu den drei „normalen" Raumdimensionen, die abgrenzungslos, d.h. unendlich groß sind.

Schließlich gibt es noch eine elfte Dimension, die diese zehn Dimensionen zusammenfaßt.

Lebensbaum: Die Superstringtheorie		
Kether Zeit		Bereich: Zeit
Erste Ursache *Übergang zwischen Zeit und Raum*		
Binah Länge (1. Raumdimension)	**Chokmah** Beite (2. Raumdimension)	Bereich: 3 normale, grenzenlose Raumdimen- sionen
Da'ath Höhe (3. Raumdimension)		
Abgrund *Übergang zwischen grenzenlosen und begrenzten Raumdimensionen*		
Geburah 1. subatomare Raumdimension	**Chesed** 2. subatomare Raumdimension	Bereich: 6 subatomare Raumdimen- sionen
Tiphareth 3. subatomare Raumdimension		
Graben *Übergang zwischen den beiden Dreiergruppen von begrenzten* *Raumdimensionen*		
Hod 4. subatomare Raumdimension	**Netzach** 5. subatomare Raumdimension	
Yesod 6. subatomare Raumdimension		
Schwelle *Übergang zwischen den begrenzten Raumdimensionen und der* *zusammenfassenden Raumdimension*		
Malkuth zusammenfassende Raumdimension		Bereich: zusammen- fassende Raumdimen- sion

3. Der deutsche Staat

Die folgende Analyse des deutschen Staates ist ein Beispiel für die Anwendung des Lebensbaumes, also für die Struktur des Lebensbaumes in dem Staat BRD:

I. Die Grundlage des deutsches Staates ist das Grundgesetz. Dies ist die oberste Sphäre, der ursprüngliche Impuls, die „Einheit".

II. Dieser Impuls wird dann in der mittleren Sphäre ausdifferenziert – die „Entfaltung".

III. Dadurch entsteht schließlich als Ergebnis das Verhalten des Volkes – die „Vielheit", also die Konkretisierung.

Die zweite dieser drei Phasen wird wieder in drei Phasen unterteilt:

II 1. Aus dem Grundgesetz werden die Rahmenbedingungen abgeleitet.

II 2. Auf der Grundlage dieser Rahmenbedingungen handelt dann die Regierung.

II 3. Die Anweisungen der Regierung werden schließlich von der Verwaltung umgesetzt.

Diese drei Phasen werden jeweils wieder in drei Phasen unterteilt, die wiederum dieselbe Dynamik haben:

II 1. Gründungsphase:

II 1. a) Nach der Gründung der Parteien

II 1. b) schließen sich die Parteien zu der Verfassungsgebenden Versammlung zusammen und verabschieden das Grundgesetz

II 1. c) und wählen den Bundespräsidenten als den Repräsentanten des Staates.

II 2. Entfaltungsphase:

II 2. a) Die Legislative beschließt Gesetze,

II 2. b) die Judikative überwacht die Umsetzung dieser Gesetze

II 2. c) und die Exekutive, d.h. vor allem der Bundeskanzler, organisiert den Staat entsprechend den Vorgaben von Legislative und Judikative.

II 3. Umsetzungsphase:

II 3. a) Die Minister konkretisieren die Gesetze und die Anweisungen des Kanzlers.

II 3. b) Die Umsetzung der Gesetze im Alltag werden von der Polizei überwacht. Die Interessen des Staates werden nach außen hin vom Militär geschützt.

II 3. c) Die Verwaltung organisiert schließlich die Rahmenbedingungen des Alltags der Menschen.

Diese insgesamt elf Vorgänge werden durch die klassische Lebensbaum-Darstellung deutlich übersichtlicher.

		Lebensbaum: Der deutsche Staat			

		Kether Grundgesetz		Bereich: Grundlage	
		Erste Ursache *Bezug der Verfassung zum Grundgesetz*			
Binah verfassungsgebende Versammlung		**Chokmah** Parteien		Bereich: Rahmen- bedin- gungen	
		Da'ath Verfassung / Bundespräsident			
		Abgrund *Bezug der Regierung zur Verfassung*			
Geburah Judikative (Richter)		**Chesed** Legislative (Bundestag und Bundesrat)		Bereich: Regie- rung	Selbst- regu- lation des Staates
		Tiphareth Exikutive (Kanzler)			
		Graben *Bezug der Verwaltung zur Regierung*			
Hod Militär, Polizei		**Netzach** Minister		Bereich: Verwal- tung	
		Yesod untere Behörden			
		Schwelle *Bezug des Volkes zur Verwaltung*			
		Malkuth Volk		Bereich: Volk	

4. vier Maschinen

In dem auf den nächsten vier Seitne folgenden Lebensbäumen werden vier verschiedene „Maschinen" beschrieben, um den analogen Aufbau dieser Maschinen deutlich zu machen:

      1. Staubsauger,
      2. Auto,
      3. Atomkraftwerk und
      4. Computer.

Die ersten vier Bereiche (Kether, Cholmah, Binah, Da'ath) sind für alle vier Maschinen identisch.

	Lebensbaum: Staubsauger		

	Kether / Wille, die Arbeit zu vereinfachen		Bereich: Wille, die Arbeit zu vereinfachen
	Erste Ursache *Entwicklung der Maschine*		
Binah Kombination der Hilfsmittel		**Chokmah** Hilfsmittel	Bereich: Planung
	Da'ath Konstruktionsplan		
	Abgrund *Konkretisierung*		
Geburah Motor: Motor		**Chesed** tragende Konstruktion: tragende Konstruktion	Bereich: innere Struktur
	Tiphareth „Cockpit" (Lenkung durch einen Menschen): Griff		
	Graben *Übergang zwischen Lenkung und Antrieb*		
Hod Informationsübertragung: Kabel		**Netzach** Ausrichtung in der Welt: Haltegriff, ein/aus-Schalter	Bereich: äußere Struktur
	Yesod Getriebe, Kraftübertragung, Energieversorgung: Saugrohr, Stromkabel		
	Schwelle *Übergang zwischen Innen und Außen*		
	Malkuth Gehäuse, „Wirkungsstelle": Saugvorsatz		Bereich: Hülle und „Wirkungs-Stelle"

	Kether Wille, die Arbeit zu vereinfachen		Bereich: Wille, die Arbeit zu vereinfachen
	Erste Ursache *Entwicklung der Maschine*		
Binah Kombination der Hilfsmittel		**Chokmah** Hilfsmittel	Bereich: Planung
	Da'ath Konstruktionsplan		
	Abgrund *Konkretisierung*		
Geburah Motor: Motor		**Chesed** tragende Konstruktion: Fahrgestell	Bereich: innere Struktur
	Tiphareth „Cockpit" (Lenkung durch einen Menschen): Fahrersitz		
	Graben *Übergang zwischen Steuerung und Antrieb*		
Hod Informationsübertragung: Kabel, Mechanik		**Netzach** Ausrichtung in der Welt: Lenkrad, Gaspedal, Bremse usw.	Bereich: äußere Struktur
	Yesod Getriebe, Kraftübertragung, Energieversorgung: Getriebe, Verbindung Motor-Achse, Benzintank		
	Schwelle *Übergang zwischen Innen und Außen*		
	Malkuth Gehäuse, „Wirkungsstelle": Karosserie, Räder		Bereich: Hülle und „Wirkungs- Stelle"

Lebensbaum: Auto

80

Lebensbaum: Atomkraftwerk			
Kether Wille, die Arbeit zu vereinfachen			Bereich: Wille, die Arbeit zu vereinfachen
Erste Ursache *Entwicklung der Maschine*			
Binah Kombination der Hilfsmittel	**Chokmah** Hilfsmittel		Bereich: Planung
Da'ath Konstruktionsplan			
Abgrund *Konkretisierung*			
Geburah Motor: Brennstäbe-Raum	**Chesed** tragende Konstruktion: Gebäude		Bereich: innere Struktur
Tiphareth „Cockpit" (Lenkung durch einen Menschen): Kontrollraum			
Graben *Übergang zwischen Steuerung und Antrieb*			
Hod Informationsübertragung: Kabel, Mechanik	**Netzach** Ausrichtung in der Welt: Steuerung der Brennstäbe		Bereich: äußere Struktur
Yesod Getriebe, Kraftübertragung, Energieversorgung: Dampfturbine, Generator, Uran			
Schwelle *Übergang zwischen Innen und Außen*			
Malkuth Gehäuse, „Wirkungsstelle": Stromeinspeisung ins Stromnetz			Bereich: Hülle und „Wirkungs- Stelle"

Lebensbaum: Computer		
Kether Wille, die Arbeit zu vereinfachen		Bereich: Wille, die Arbeit zu vereinfachen
Erste Ursache *Entwicklung der Maschine*		
Binah Kombination der Hilfsmittel	**Chokmah** Hilfsmittel	Bereich: Planung
Da'ath Konstruktionsplan		
Abgrund *Konkretisierung*		
Geburah Motor: Datenverarbeitung	**Chesed** tragende Konstruktion: Gehäuse	Bereich: innere Struktur
Tiphareth „Cockpit" (Lenkung durch einen Menschen): Platz vor dem PC		
Graben *Übergang zwischen Steuerung und Antrieb*		
Hod Informationsübertragung: Verbindungskabel, Modem, Browser, Internet	**Netzach** Ausrichtung in der Welt: Tastatur, Maus, Monitor	Bereich: äußere Struktur
Yesod Getriebe, Kraftübertragung, Energieversorgung: Kabel vom PC zu Monitor, Drucker, Internet und Strom- Steckdose		
Schwelle *Übergang zwischen Innen und Außen*		
Malkuth Gehäuse, „Wirkungsstelle": Drucker, Monitor		Bereich: Hülle und „Wirkungs- Stelle"

5. Die Vektormathematik

Das letztes Beispiel für die Lebensbaum-Struktur ist die Vektormathematik. Ein Vektor ist dadurch definiert, daß er eine Größe und eine Richtung hat – so wird z.B. das Kreisen des Mondes um die Erde durch einen Vektor beschrieben oder auch der Flug eines Stein, den man in einen See wirft.

Die Lorenz-Transformation beschreibt die Bewegung eines Vektors im Raum – sie ist ein wesentliches Element in der Relativitätstheorie.

Lebensbaum:		
Kether Nullpunkt		Bereich: Ursprung
Erste Ursache *Übergang zwischen Zentrum und Umraum*		
Binah Winkel / **Chokmah** Achsen		Bereich: Koordinatensystem / Relativitätstheorie (Lorenztransformation)
Da'ath Basisvektor		
Abgrund *Übergang zwischen möglichem Raum und genutztem Raum*		
Geburah Vektorunterraum / **Chesed** Vektorraum		Bereich: Vektorraum
Tiphareth Vektor		
Graben *Übergang zwischen „Vektor im Raum" und Vektor-Innerem*		
Hod Größe des Vektors / **Netzach** Richtung des Vektors		Bereich: Vektor
Yesod Einheitsvektoren		
Schwelle *Übergang zwischen Vektor-Eigenschaften und Vektor-Zerlegung*		
Malkuth Matrix		Bereich: Matrix

Dieser Aufbau des Lebensbaumes läßt sich bei jedem beliebigen Ding oder Thema wiederfinden. Er enthält neben den hier betrachteten 11 Bereichen noch die 22 Verbindungen zwischen diesen Bereichen, die 4 Übergänge, die 3 Säulen, die 3 Dreiecke von Bereichen usw., sodaß die Gesamtstruktur des Lebensbaumes etwas mehr als 40 Elemente umfaßt, die alle in einem stets gleichen Verhältnis zueinander stehen.

Der Lebensbaum auch eine große Hilfe bei der Meditation und auf anderen magisch-spirituellen Entdeckungsreisen, da er auch eine differenzierte und detaillierte innere Landkarte ist.

6. Die Wahrnehmungen auf dem Lebensbaum

Für die Betrachtungen in dem vorliegenden Buch ist die Übersicht auf der nächsten Seite hilfreich, da sie die verschiedenen Arten der optischen Wahrnehmung in den fünf großen Bereichen auf dem Lebensbaum sowie auf den vier Übergängen schildert.

Diese Systematik ist ein wichtiges (aber nicht das einzige) Hilfsmittel bei dem Bestreben, die Wirkung der Drogen mit der Wirkung von Meditationen bzw. Traumreisen zu vergleichen und diese Erlebnisse auf dem Lebensbaum anzuordnen.

Die Stufen des Weges auf der „Mittleren Säule"		
Stufen	*Name*	*Wahrnehmung*
Gott	Kether	nicht unterteiltes, gleißend-weißes Licht oder glänzende Schwärze
Übergang	*letzter Schritt*	*aufwärts: zur Ruhe kommen, Fülle („Einheit")* *abwärts: Schöpfungsimpuls („Lichtsturm")*
Gottheiten	Da'ath	Konturen im Licht; keine Abgrenzungen, sondern verschiedene Qualitäten
Übergang	*Abgrund*	*Weitung der Perspektive, Auflösung aller Abgrenzungen*
Seele	Tiphareth	von innen her leuchtende, meist unbewegte Bilder
Übergang	*Graben*	*sehr scharfe Konturen, die von innen her leuchten; ständig fließende Formen*
Lebenskraftkörper	Yesod	farblose, leicht kolorierte Konturen in einem allgemeinen, leicht leuchtenden Nebel
Übergang	*Schwelle*	*still werden, sich nach innen richten, etwas spüren*
Körper	Malkuth	normale äußere optische Wahrnehmung mit den Augen

IV Drogen auf dem kabbalistischen Lebensbaum

Nachdem nun die Wirkungen der Drogen, die Wirkungen von Meditation, Magie, Ritual usw. sowie der Aufbau des kabbalistischen Lebensbaumes beschrieben worden sind, können diese drei Themen nun miteinander kombiniert werden.

Dieses Kapitel ist in die elf Bereiche („Sephiroth") auf dem Lebensbaum sowie die vier Übergänge zwischen ihnen unterteilt. Dieses Kapitel enthält also 11+4=15 Abschnitte.

Diese 15 Abschnitte sind somit das Raster, in das die Erfahrungen mit Drogen sowie mit Meditationen, Traumreisen, Ritualen u.ä. eingeordnet werden können.

Es sind durchaus weitere Differenzierungen möglich, da es auf dem Lebensbaum auch noch die 22 Pfade gibt, die von einem Bereich („Sephirah") zu einem anderen führen, aber für eine erste Übersicht und zur Darstellung des grundlegenden Erlebnismöglichkeiten ist eine Unterteilung in 15 Elemente sinnvoller als eine Unterteilung in 15+22=37 Elemente – die Gefahr der Unübersichtlichkeit ist bei 37 Elementen bei dem Verschaffen eines ersten Überblicks zu groß. Diese genauere Zuordnung kann evtl. in einer späteren Betrachtung vorgenommen werden, wenn der Vergleich der Wirkung von Drogen mit der Wirkung von Meditationen und Traumreisen schon deutlich weiter fortgeschritten ist, als in dem vorliegenden ersten Versuch der Herstellung einer „Landkarte der Bewußtseins-Erlebnisse".

Die 15 einzelnen Betrachtungen in diesem Kapitel sind der Übersichtlichkeit halber jedesmal in derselben Weise unterteilt worden:

- allgemeine Beschreibung der jeweiligen Sephirah bzw. des Überganges, wobei diese vor allem in Bezug auf den Menschen betrachtet werden;

a) Schilderung der Erlebnisse in dieser Sephirah auf Traumreisen und bei Meditationen;

b) Schilderung der Wirkung der zu diesem Bereich gehörenden Drogen;

c) Beschreibung der Qualität der Wahrnehmungen in diesem Bereich;

d) Darstellung des Urbildes dieses Bereiches; und

e) Vergleich der Wirkung von Meditationen/Traumreisen und Drogen.

Die folgenden Beschreibungen sind nur ein erster Entwurf, in dem es einige Zuordnungen von Drogen wie LSD gibt, die eindeutig sind, während andere Drogen zunächst einmal lediglich plausible Vermutungen bleiben.

Manche Drogen wirken auch in mehreren Bereichen und treten daher mehrfach auf – dies gilt vor allem für Cannabis und Salbei.

Weitere Erfahrungsberichte und Forschung wären bei diesem Thema ausgesprochen wünschenswert. Je klarer die Schilderungen und die Zuordnungen der Drogen-Erfahrungen zu dem Lebensbaum sind und je offensichtlicher ihre Übereinstimmung mit den verschiedenen Meditations- und Traumreise-Erlebnissen ist, desto hilfreicher können diese Betrachtungen werden – und dann sowohl die Drogen selber als auch ihre Wirkungen in ein anderes Licht rücken.

Schließlich könnten sich aus diesen Zusammenhängen auch ganz neue Möglichkeiten für den Ersatz von Drogen und für den Drogenentzug ergeben. Es wäre auch denkbar, daß die Verwendung von Drogen vor diesem Hintergrund allgemein neu bewertet werden könnte. Aber das ist alles noch Zukunftsmusik – zunächst einmal geht es in diesem Buch darum, die Drogen und ihre Wirkungen genau zu betrachten und sie in einem Gesamtsystem darzustellen.

Ein Nachteil all dieser Betrachtungen ist, daß ich keinerlei eigene Drogenerfahrungen, sondern nur Meditations- und Traumreisen-Erfahrungen habe – für mich hat selbst eine Coca Cola eine zu starke Wirkung auf meine Psyche.

Glücklicherweise kenne ich einige Menschen, die sowohl mit Drogen als auch mit Meditationen experimentiert haben und mir daher die übereinstimmende Wirkung einiger Drogen und Meditationen bestätigen konnten. Weiterhin kenne ich sehr viele „Drogen-Forscher", mit denen ich meine eigenen Meditations- und Traumreise-Erlebnisse verglichen habe.

Bei der Zuordnung der Wirkung der Drogen zu den Wirkungen von Meditationen, Traumreisen u.ä. sowie bei der Einordnung dieser Erfahrungen auf den Lebensbaum zeigt sich, daß die Drogen am häufigsten auf den unteren Bereich des Lebensbaumes wirksam sind, d.h. auf den Übergang vom Alltags-Bewußtsein (Wachbewußtsein) im Körper zu der Wahrnehmung der Psyche (Unterbewußtsein). Diese Beobachtung ist insofern ausgesprochen plausibel, weil man stets vom Wachbewußtsein ausgeht und als erstes das Unterbewußtsein erreicht – man gelangt nur durch das Unterbewußtsein hindurch in den Bereich der Seelen.

Drogen, die einen Zugang zu dem Bereich der Seelen öffnen, sind deutlich seltener – und Drogen, die eine Verbindung zu dem Bereich der Götter schaffen, sind ausgesprochen rar.

1. Bereich: Körper
(Sephira 10)

Dieser Bereich ist das Endprodukt, das Ergebnis, die Zusammenfassung, die Konkretisierung, die vollständige Ausdifferenzierung und das „Außen" der Welt, also ihre materielle Seite.

A Malkuth
(Sephirah 10)

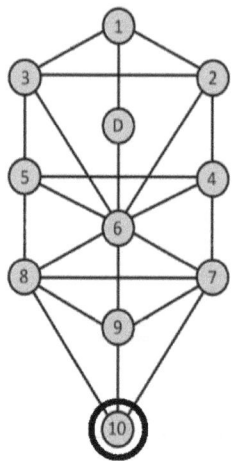

In Bezug auf den Menschen ist Malkuth der Körper, aber auch die Präsenz, also die feste Verankerung der Aufmerksamkeit im Hier und Jetzt – das „anwesend sein". Daher ist Malkuth auch das Wachbewußtsein des Menschen.

Ein spezieller Zustand des Wachbewußtseins ist die Konzentration, die sich bis zur Einsgerichtetheit zuspitzen und dann die Ekstase hervorrufen kann.

Das Wachbewußtsein enthält alle Informationen, die für den sinnvollen Umgang mit der augenblicklichen Situation notwendig sind. Bei der Ekstase wird die gesamte Aufmerksamkeit auf einen einzigen Bewußtseinsinhalt ausgerichtet – diese Einsgerichtetheit kann durch Angst, Schmerz, Ekel, Lust und ähnliches, aber auch durch Meditationen bewirkt werden.

a) Meditation, Traumreisen u.ä.

Malkuth stellt den Normalzustand des Bewußtseins dar – das Alltags-Wachbewußt-sein. Dies kann durch mehr oder weniger Konzentration in verschiedenem Maße gebündelt und verschieden klar ausgerichtet sein.

Malkuth ist die Wahrnehmung der Außenwelt und die Ausrichtung auf sie, das Leben in ihr.

Die „Tugend" von Malkuth, also die in Malkuth förderliche Eigenschaft ist die Unterscheidungskraft. Durch sie unterscheidet man, setzt man Grenzen, schützt man sich, erkennt man …

Die Traumreise nach Malkuth ist in der Regel eher unspektakulär, da sie weitgehend die Dinge zeigt, die man mit dem Wachbewußtsein tagtäglich wahrnimmt. Man kann jedoch auf dieser Traumreise evtl. auch etwas über das eigene Konzentrationsvermö-gen oder das eigene Unterscheidungsvermögen lernen.

Die Meditation, die zu Malkuth gehört, ist das **„sei jetzt hier"**. Diese Haltung ist einerseits sehr schlicht, andererseits aber auch sehr wirkungsvoll.

Sie kann dazu führen, daß man am Waldrand sitzt und einen Grashalm betrachtet und auf einmal von der Schönheit dieses Grashalmes ganz ergriffen wird. Der Gras-halm ist immer noch nur der Grashalm, aber er hat auf einmal Bedeutung, man erlebt ihn als Lebewesen, als ein Teil der gesamten Welt …

Solch ein schlichtes Betrachten eines Grashalmes kann zu intensiven Glücksgefüh-len führen. Die Methode ist schlicht Präsenz – ganz da sein, wo man gerade ist.

Möglicherweise fällt es einem anfangs an bestimmten Orten oder in bestimmten Situationen leichter, diese Einsgerichtetheit zu erlangen – an einem besonders schö-nen Ort in der Natur, im Garten der eigenen Großeltern oder beim Anblick eines geliebten Menschen. Aber es ist, wie gesagt, eigentlich nur ein Grashalm oder ein Kieselstein notwendig …

Diese Form der Präsenz ist auch für andere Menschen sehr angenehm, da man mit einem Menschen, der wirklich präsent ist, fast immer wesentlichere und intensivere Dinge erlebt als mit Menschen, die nur eine diffuse Aufmerksamkeit auf sich selber und ihre Situation haben.

Falls man Schwierigkeiten mit dem „sei jetzt hier" haben sollte, kann man mal an einem **Feuerlauf** teilnehme – dabei stellt sich diese vollkommene Präsenz ganz von selber ein …

b) Drogen

Was könnte eine Droge der Nüchternheit und der Konzentration sein? Dafür kommt am ehesten Schwarztee in Frage. Er hilft sich zu konzentrieren und ist in Maßen anregend. Allerdings gehört letztlich keine einzige Droge zu Malkuth, d.h. zum Wachbewußtsein, da das Wachbewußtsein eben der neutrale, unbeeinflußte Zustand ist.

Man könnte auch die **Nüchternheit** selber als die passende „Droge" für das Wachbewußtsein in Malkuth auffassen – also das Fehlen von Drogen und ihren Wirkungen.

c) Wahrnehmung

Die Wahrnehmung in Malkuth ist die Wahrnehmung der äußeren Welt mithilfe von Sehen, Hören, Riechen, Schmecken, Tasten und Wärmeempfindung.
Dabei ist die optische Wahrnehmung am wichtigsten, da sie 80% der Wahrnehmungen des Menschen ausmacht. Dieses physische Sehen ist die Wahrnehmung von Licht, das das Auge erreicht.

d) Urbild

Das Urbild für diesen Bereich, also Malkuth, ist die physische Welt, das Außen, die Vielheit und – aus menschlicher Sicht – vor allem eigene physische Körper.

e) Vergleich

Hier gibt es noch nicht viel zu vergleichen: Malkuth ist das normale Wachbewußtsein, in das weder Meditationen noch Drogen eingreifen …

1. Übergang: Schwelle
(zwischen Körper und Psyche)

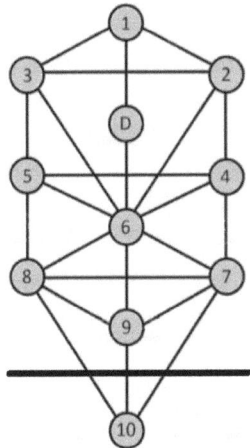

Die Schwelle ist der Übergang zwischen dem Wachbewußtsein (Körper) und dem Unterbewußtsein (Psyche). Folglich wendet sich hier der Blick entweder von außen (Malkuth) nach innen (Yesod) oder umgekehrt. Die häufigsten Formen der Wendung nach innen ist das Einschlafen, das Ausruhen, das Erinnern, das Tagträumen, das Nachdenken und das Meditieren.

Die Schwelle ist das Tor von der Ausrichtung auf die Außenwelt hin zur Innenwelt. Daher hat dieser Übergang für viele Dinge eine große Bedeutung – letztlich für alles, wobei man sich auf die eigene Psyche ausrichtet, also die eigene Aufmerksamkeit dem Innen und somit den Bewußtseinsinhalten zuwendet.

Da dieses Innen auch die Lebenskraft ist, ist diese Schwelle auch das Tor zu Magie. Die Lebenskraft ist der Übergang zwischen Bewußtsein und Materie, also zwischen der Außenseite und der Innenseite der Welt. Diese Außenseite ist auf dem Lebensbaum Malkuth, die Innenseite ist Kether – der gesamte Bereich dazwischen ist letztlich eine detaillierte Betrachtung der Lebenskraft.

a) Meditation, Traumreisen u.ä.

Dieser Übergang ist der „bunteste" der vier Übergänge auf dem Lebensbaum, d.h. hier finden sich die vielfältigsten Methoden und Erlebnisse in der Magie und in der Meditation. Dies liegt daran, daß hier das Wachbewußtsein beginnt, die Innenseite der

Welt, also die eigene Psyche und die Lebenskraft wahrzunehmen und zu beeinflussen – was auf eine vielfältige Weise möglich ist.

Alle diese Möglichkeiten ausführlich darzustellen, würde mehrere Bände füllen – daher findet sich hier jeweils nur eine kurze Beschreibung.

Alle diese Methoden haben gemeinsam, daß der **Kontakt zur Lebenskraft** hergestellt wird – wenn auch auf die verschiedensten Weisen.

Eine wichtige Methode sind die verschiedenen **Entspannungsübungen** vom **autogenenen Training** über **Tiefenentspannung** bis hin zu den **Buchstabenübungen**. Diese Methoden führen alle über dieselben vier Stufen:

    1. anhalten, hinlegen, sich nicht mehr bewegen, ruhig werden
    2. das Erlebnis von Schwere
    3. das Erlebnis von Wärme
    4. das Erlebnis von einem Vibrieren des Körpers mit ca. 6 Hz

Jenachdem, wie man diese Entspannung weiterführt, gelangt man zu verschiedenen anderen Erlebnissen wie der Astralreise, dem Erwachen der Kundalini oder der Hypnose – doch diese Erlebnisse gehören nicht mehr zur „Schwelle" auf dem Lebensbaum, sondern zu den Bereichen, die noch folgen. Die Schwelle ist das Tor zu diesen Erlebnissen und die Entspannung ist einer der wichtigsten Schlüssel zu diesem Tor.

Hier an der Schwelle zwischen Wachbewußtsein und Unterbewußtsein findet sich auch der Beginn der Magie: Man spürt, wenn man von hinten angestarrt wird (**unbewußte Telepathie**), man läßt durch seinen Ärger einen Computer abstürzen (**unbewußte Telekinese**), man schaut in die **Kristallkugel** oder in den **magischen Spiegel**, um Visionen zu erhalten, man hat **Vorahnungen** oder **Wahrträume**, man legt die **Tarotkarten**, benutzt das **I Ging** oder verwendet andere **Orakel**, man deutet **astrologische Transite**, man übt sich in **Traumdeutungen**, man beginnt **Omen** zu bemerken und zu verstehen …

Bei der **Hypnose** wird das Wachbewußtsein des Hypnotisierten durch die Worte des Hypnotiseurs abgeschaltet, woraufhin sich der Hypnotiseur an die Stelle des Wachbewußtseins des Hypnotisierten stellen und ihn lenken kann.[2]

Ein recht spezieller, aber nicht seltener Vorgang ist der **Energie-Vampirismus**. Dabei entzieht eine Person einer anderen Lebenskraft, wodurch der „Vampir" wacher, kräftiger, besser gelaunt und aktiver wird, während sein „Opfer" zunehmend müder,

---

2   Siehe bei Bedarf mein Buch „Hypnose für Anfänger".

apathischer und niedergeschlagen wird.

Die Lebenskraft wird dem Opfer entweder dadurch entzogen, daß der „Vampir" sich ein Lebenskraft-Absaugen vorstellt, daß er möglichst dominant ist, daß er einen Streit beginnt und ihn gewinnt, das er dem anderen befehlen kann usw. Hier gibt es sehr viele Möglichkeiten.

Ein spezielles, aber oft benötigtes Ritual ist das **Kleine Pentagramm-Ritual**, mit dem man einen Schutzkreis herstellen kann. Das bedeutet, das man den eigenen Lebenskraftkörper gegen äußere Einflüsse schützt – man schließt das Tor an der eigenen Schwelle.

Gleichzeitig ruft man bei diesem Ritual auch die vier Erzengel als Hilfen, Beschützer und Lebenskraft-Quelle für die vier Elemente an.

Die Hinwendung zu der Innenseite der Welt ist auch der Beginn einer jeden Traumreise. Auf der Schwelle steht die Astraltür, das Symbol, durch das man geht, wenn man eine Traumreise beginnt, dort ist der Entschluß, sich innerlich etwas Bestimmtes anzuschauen, dort findet das Grüßen und Ansprechen des Wesens statt, das man treffen und sehen will ...

Wenn sich das Tor über der Schwelle öffnet, beginnt die Wiederverzauberung der Welt und der nüchterne Alltag wird von Romantik erfüllt.

Doch hier kann man auch Trägheit finden, Abgestumpftheit, Langeweile, Desinteresse, Antriebslosigkeit – dann ist dieses Tor fest verschlossen und die Impulse aus der Psyche gelangen nicht über die Schwelle in das Alltags-Bewußtsein.

b) Drogen

Letztlich beginnt die Wirkung aller Drogen hier an der Schwelle – sie stellen alle eine Verbindung von Innen und Außen dar, vom Wachbewußtsein zum Unterbewußtsein bzw. zur Lebenskraft (was weitestgehend dasselbe ist).

Alle Drogen müssen das normale Wachbewußtsein erst einmal über diese Schwelle führen, um dann verschiedene Bereiche weiter oben auf dem Lebensbaum erreichen zu können.

Daher gehören letztlich **alle Drogen** auch zu der Schwelle auf dem Lebensbaum. Allerdings führen die verschiedenen Drogen verschieden weit über diese Schwelle in die Bereiche jenseits von ihr hinein.

Man kann die Art des Öffnens des „Tores an der Schwelle" durch Drogen in verschiedene Gruppen einteilen:

Reduzierung von Hemmungen

Alkohol ist eine der bekanntesten und am weitesten verbreiteten Drogen – sie kann zudem sehr einfach durch Vergärung von Kohlenhydraten hergestellt werden. Alkohol ist sozusagen ein „Schwellen-Öffner" im doppelten Sinne: Er öffnet die Schwelle auf dem Lebensbaum und verkleinert die Hemmschwelle, Bedürfnisse und Gefühle zu zeigen – man läßt schneller zu, daß sich das Innere auch im Außen zeigt.

Oder, wie Shakespeare es formuliert hat: „Alkohol vergrößert das Bedürfnis, aber verkleinert die Fähigkeit." Das ist von ihm insbesondere auf die Sexualität gemünzt gewesen.

verstärkte Innenwahrnehmung

Cannabis (Hanf, Marihuana) ermöglicht, das Verborgene und die Lebenskraft wieder zu spüren: Man spürt Schwingungen oder „Vibrations", beginnt nebelhaft die Lebenskraft zu sehen, man spürt sein eigenes Inneres stärker usw. Das führt dazu, daß man oft ein wenig apathisch wird – die Aufmerksamkeit ist deutlich stärker als sonst üblich nach hin innen gerichtet, wodurch man im Außen meistens untätig wird.

Reduzierung der Innenwahrnehmung und Verstärkung der Hemmungen

Beruhigungsmittel haben die gegenteilige Wirkung von Alkohol und Cannabis: Sie verschließen das Tor auf der Schwelle – sie reduzieren die Impulse, die vom Innen (Unterbewußtsein) ins Außen (Wachbewußtsein) gelangen.

Schlafmittel stellen hingegen das Wachbewußtsein ab und verschließen ebenfalls das Tor auf der Schwelle – das Wachbewußtsein auf der Außenseite ist nicht mehr aktiv.

Dann gibt es noch die **Betäubungsmittel**, die vor einer Operation eingesetzt werden. Sie wirken wie Beruhigungsmittel und Schlafmittel, nur sehr viel schneller und sie verschließen das Tor auf der Schwelle zudem noch deutlich gründlicher.

Schließlich gibt es noch die sogenannten **„K.o.-Tropfen"**, die manchmal einem Menschen in sein Getränk gemischt werden, damit diese Menschen entweder apathisch und wehrlos werden oder ihre Erinnerungsfähigkeit für einige Zeit vollständig verlieren.

Solch ein „Filmriß“ kann z.B. durch die Kombination von Rohypnol und Alkohol oder (was noch heftige wirkt) durch die Mischung von Rohypnol mit Haldol entstehen. Manchmal entsteht solch eine Filmriß auch durch eine Überdosis Alkohol.

Bei einem „Filmriß“ werden die Prozesse auf der Schwelle gestört: Die Informationen im Wachbewußtsein können nicht mehr im Unterbewußtsein gespeichert werden und fehlen dem Betreffenden daher in seinen Erinnerungen.

Weiterhin gehören in diese „beruhigende“ Kategorie auch **Baldrian**, **Schlafmohn**, **Opium**, **Heroin**, **Kraton**, **Rispenblütriger Cealstus**, **Benzodiazepine** sowie alle Schmerzmittel wie der **Bittersüßen Nachtschatten**.

Anregung der Aktivität

Kaffee hat genau die entgegengesetzte Wirkung zu den Beruhigungsmitteln. Koffein in Kaffee oder in Coca Cola und ähnlichem regt an, macht wacher und aktiver. Das bedeutet, daß, obwohl man eigentlich müde ist, Energiereserven mobilisiert werden und die Ruhephase bzw. der Schlaf auf später verschoben werden kann.

Da Kaffee keine Energie (Lebenskraft) enthält, die dem Körper zugeführt wird (wie beim Lebenskraft-Vampirismus), entsteht anschließend an den belebenden Effekt dieser Drogen eine umso größere Müdigkeit. Wenn man diese Müdigkeit wieder mit Kaffee beseitigt, werden die Energiereserven des Körpers und der Psyche nach und nach aufgebraucht und es wir eine längere Erholungsphase notwendig.

Dasselbe wie für Kaffee gilt auch für alle anderen Arten von **Aufputschmitteln**, von denen es eine große Vielfalt gibt.

Ein Spezialfall von anregenden Mitteln ist das **Doping**. Sie werden vor allem im Sport verwendet, um kurzfristig höhere Leistungen erzielen zu können – sie sind daher illegal.

Weitere Drogen, die zu diesem „belebenden“ Bereich gehören, sind **Nikotin** (Tabak), **Kakao**, **Guaraná**, **Schwarztee**, **Grüntee**, **Kola**, **Koka**, **Kava**, **Kath** und **Meerträubel**.

c) Wahrnehmung

An der Schwelle beginnt sich die Wahrnehmung von außen nach innen zu richten. Man hält also inne, wird still, konzentriert sich und ist bereit für das, was da kommen will.

d) Urbild

Die Schwelle ist eng mit dem Bild des „Hüters der Schwelle" verbunden. Damit ist der Umstand gemeint, daß das Wachbewußtsein zunächst einmal keinen beliebigen Zugriff auf alle Inhalte des Unterbewußtseins und somit auch nicht auf die gesamte Lebenskraft hat.

Um diese Gestalt auf der Schwelle zu verstehen, ist es notwendig, sich die Aufgaben der verschiedenen Arten von Bewußtsein genauer zu betrachten:

- Das Wachbewußtsein enthält die Informationen, die für ein sinnvolles Verhalten in der augenblicklichen Situation notwendig sind – das sind in den meisten Fällen einige wenige Informationen.

Man kann sich das Wachbewußtsein wie einen Schreibtisch in einem Büro vorstellen, auf dem alle aktuell wichtigen Dokumente liegen.

- Das Unterbewußtsein enthält alle Informationen, d.h. alle aktuellen Wahrnehmungen durch die physischen Sinne (plus Telepathie) und die gesamten Erinnerungen. Diese Informationen liegen in einer assoziativ geordneten Weise vor, die man z.B. im Traum oder auf Traumreisen erleben kann.

Man kann sich das Unterbewußtsein wie ein großes Archiv vorstellen, das an das Büro angeschlossen ist und aus dem Informationen in das Büro gelangen können (spontane Erinnerungen, Wahrnehmungen) und in das auch von dem Büro aus Informationen gesendet werden (gezielte Erinnerungen, Traumreisen).

- Der Ekstasezustand enthält nur eine einzige Information – eben die, die in der augenblicklichen Situation existentiell wichtig ist. Damit sind in der Regel die Gefühle Angst, Schmerz, Lust, Ekel u.ä. oder ein meditativer Zustand verbunden.

Man kann sich diesen einsgerichteten Ekstasezustand wie die Lampe auf dem Schreibtisch in dem Büro vorstellen, die ein einziges Blatt Papier auf dem Schreibtisch hell erleuchtet.

- Das Tiefschlafbewußtsein ist zunächst einmal einfach Stille. Es enthält zwar auch Informationen, aber diese sind nicht so einfach zugänglich wie die Informationen in dem Unterbewußtsein. Dabei handelt es sich z.B. um Erinnerungen an frühere Leben. Zunächst einmal ist dieser Zustand jedoch einfach eine innere Stille: Das Bewußtsein ist sich lediglich seiner selber bewußt – ohne weitere Inhalte.

Man kann sich das Tiefschlafbewußtsein wie das Haus vorstellen, in dem sich das Archiv und das Büro befinden.

Die Schwelle auf dem Lebensbaum befindet sich in dem eben dargestellten Bild des Bewußtseins als eines Hauses zwischen dem Büro und dem Archiv. Dort in dieser Tür steht der „Hüter der Schwelle“. Er hat eine Vielzahl von Aufgaben:

- Er sendet die Informationen aus dem Archiv an das Büro weiter, die seiner Meinung nach gerade wichtig sind: aktuelle Wahrnehmungen und die dazugehörigen Erinnerungen.

- Er holt Informationen aus dem Archiv, die von dem Büro angefordert worden sind: Er ist die Tätigkeit des Erinnerns.

- Er weckt das Wachbewußtsein am Morgen und läßt es am Abend wieder einschlafen.

- Er kann auch Informationen aus dem Archiv von dem Büro fernhalten, wenn er diese Informationen für zu bedrohlich hält. Dies ist am extremsten bei starken Verdrängungen von Erinnerungen und bei einem Trauma der Fall.

Der Hüter der Schwelle ist also eine wesentliche Funktion innerhalb der Psyche – er sorgt dafür, daß das Wachbewußtsein funktionsfähig bleibt und nicht zu wenige, zu viele oder die falschen Informationen erhält. Nur wenn diese Informations-Auswahl durch den Hüter der Schwelle effektiv funktioniert, kann das Wachbewußtsein sinnvolle Entscheidungen treffen.

Drogen und Meditation sind Möglichkeiten des Wachbewußtseins, die Funktionsweise des Hüters der Schwelle gezielt zu beeinflussen. Auch hier gibt es wieder mehrere Möglichkeiten:

- Durch Meditation oder Drogen gelangen mehr oder andere Informationen als üblich in das Wachbewußtsein, das dadurch in einen Zustand es „bewußten Träumens“ gerät und dann die inneren Bilder einer Traumreise oder einer Drogen-Vision wahrnimmt.

- Der Hüter der Schwelle verzögert seinen Impuls, das Wachbewußtsein abzuschalten, d.h. den Menschen in den Schlaf zu schicken (Aufputsch-mittel).

- Der Hüter der Schwelle verzögert seinen Impuls, das Wachbewußtsein zu Aktivitäten anzuregen (Beruhigungsmittel), oder er schaltet das Wachbewußt-sein ganz ab (Betäubungsmittel).

An dem Lebenskraft-Vampirismus, an der Hypnose und ähnlichem ist der Hüter der Schwelle nur in geringem Maße beteiligt, auch wenn dies Vorgänge sind, die an der Schwelle stattfinden – die Aktivität geht dabei jedoch vom Wachbewußtsein aus.

e) Vergleich

Auch hier läßt sich noch kaum etwas vergleichen, da die Schwelle das generelle Öffnen des Wachbewußtseins zu anderen Zuständen hin beschreibt. Daher beginnt die Wirkung aller Meditationen und Drogen mit dem Überschreiten der Schwelle.

Der Unterschied in der Wirkung der verschiedenen Drogen und der verschiedenen Meditationen besteht darin, wohin sie anschließend weiterführen.

2. Bereich: Psyche
(Sephiroth 7, 8, 9)

Nun folgt der Bereich der Psyche, der aus den inneren Bildern (Yesod), dem Denken (Hod) und dem Fühlen (Netzach) besteht.

A Yesod
(Sephirah 9)

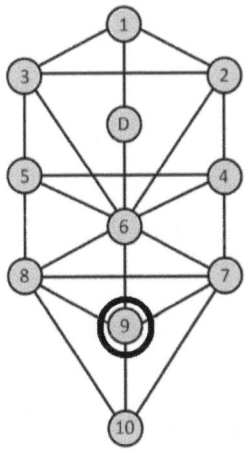

Yesod ist das Unterbewußtsein, die Lebenskraft, der Bereich der Träume, und gewissermaßen der Bereich der Magie, weil alle Magie letztlich von Yesod aus auf Malkuth wirkt, also von der Lebenskraft aus auf die Materie. Allerdings kann Magie ihren eigentlich Ursprung auch deutlich weiter oben auf dem Lebensbaum haben.

a)   Meditation, Traumreisen u.ä.

Eine sehr typische Yesod-Meditation ist die **Traumreise**. Sie ist im Prinzip dasselbe wie ein Tagtraum oder wie die 10 Sekunden, die man nach dem Aufwachen manchmal noch einen Traum zu Ende träumt. In allen drei Fällen (Traumreise, Tagtraum, noch kurz wach weiterträumen) werden das Wachbewußtsein und das Traumbewußtsein miteinander koordiniert.

In dem Bild von dem Büro (Wachbewußtsein) und dem Archiv (Unterbewußtsein) wird bei der Traumreise vom Büro aus die Tür zum Archiv geöffnet und man geht wachbewußt in das Archiv hinein und schaut sich dort die „Abteilung" an, die einen gerade interessiert. Die Wahl der gewünschten „Abteilung" des Archivs geschieht entweder durch die simple Absicht, etwas Bestimmtes zu finden, durch ein Symbol, auf das man sich konzentriert oder das man als innere Tür benutzt, oder indem man das, was man in der Abteilung finden will, innerlich anspricht.

Die Traumreise an sich ist eine Yesod-Methode, aber man kann natürlich per Traumreise alle Bereiche auf dem Lebensbaum erforschen.

Das Unterbewußtsein ist der psychische Aspekt der eigenen **Lebenskraft**. Die „Organe" des Lebenskraftkörpers sind die Chakren und die Kundalini ist ihr „Lebenskraft-Kreislauf".

Alle Dinge haben eine materielle Seite und eine Bewußtseins-Seite – der Übergang zwischen beiden ist das, was man als Lebenskraft erleben kann. Die Lebenskraft besteht nicht wie die Materie aus abgegrenzten Einheiten, sondern ist eher so etwas wie ein Gespinst aus endlos vielen Verbindungen, also ein alles durchdringendes Meer.

Daher gibt es im Bereich der Lebenskraft auch eine Form der Wahrnehmung und eine Form der Handlung, die beide nicht auf die materiellen Vorgänge angewiesen sind, sondern sich im Bereich der Lebenskraft abspielen und auf dem Gespinst aus Verbindungen beruhen: **Telepathie** und **Telekinese**.

Die Wahrnehmung des Lebenskraftbereiches auf der Traumreise führt dazu, daß Telepathie und vermutlich auch Telekinese von einer Traumreise aus deutlich einfacher sind als vom Wachbewußtsein aus. Man kann daher auf einer Traumreise auch verlorene Gegenstände wiederfinden, die Ursachen von Krankheiten erkennen u.ä.

Es gibt eine ganze Reihe von Methoden, um die Lebenskraft im eigenen Körper und auch in anderen zu lenken: **Atemübungen** (z.B. Pranayama), **Mesmerismus**, **Runen-Übungen**, **Hatha-Yoga** u.ä. Man kann auch gezielt Lebenskraft von der Sonne oder dem Mond durch die Handchakren aufnehmen.

Das intensivste Erlebnis im Bereich der Lebenskraft-Bewegungen ist das Erwachen der **Kundalini**, was als im Körper aufsteigendes Feuer erlebt wird.

Die Quelle dieses Kundalini-Feuers ist das **Wurzelchakra**, das Yesod entspricht.

Das zweite wichtige Erlebnis in Yesod ist die **Astralreise**. Dabei löst sich der Lebenskraftkörper („Astralkörper") von dem materiellen Körper und das Bewußtsein kann zusammen mit der Wahrnehmungsfähigkeit an einen anderen Ort als der materielle Körper gehen.

Eine solche Astralreise kann man in Nahtod-Situationen erleben, bei einer Ohnmacht, bei halbgelungenen Betäubungen bei Operationen und ähnlichen Situationen.

Das Gegenstück zu der Wahrnehmung der Lebenskraft auf der Traumreise oder bei der Telepathie ist die Gestaltung der Lebenskraft, die das „Lenken des Zufalls" oder die Telekinese hervorrufen kann.

Dieses Gegenstück zur Lebenskraft-Wahrnehmung ist die **Imagination** von Ereignissen, Symbolen, Gottheiten u.ä. Dies ist auch eine der zentralen Methoden in der Magie.

Sowohl die Wahrnehmung als auch die Gestaltung der Lebenskraft gehen von Bildern aus, weil 80% aller Wahrnehmungen des Menschen und daher auch 80% des Inhaltes seines Unterbewußtseins (=Lebenskraft) aus Bildern bestehen.

Das Wahrnehmen von inneren Bildern macht den Zustand der Lebenskraft bewußt – das Erschaffen von inneren Bildern prägt die Lebenskraft. Da die Lebenskraft zum einen von den äußeren, materiellen Dingen geprägt wird, aber andererseits auch vom Bewußtsein geprägt wird (schließlich ist die Lebenskraft der Übergang zwischen beidem) ist das Wahrnehmen der inneren Bilder und das Prägen der inneren Bilder („Imaginieren") das zentrale Element in der Magie.

Eine weitere wichtige Methode ist die **Invokation**, also die Imagination des Bildes einer Gottheit, mit dem man sich dann anschließend identifiziert. Das hat eine große Wirkung auf die Psyche – man erhält zumindest vorübergehend einen Teil der Eigenschaften dieser Gottheit und ruft auch die zu ihr passenden Ereignisse in das eigene Leben.

Bei der **Evokation** wird hingegen ein Geist, Engel, Dämon o.ä. gerufen, mit dem man sich jedoch nicht identifiziert, sondern den man dann im Idealfall vor sich stehen sieht. Dabei wird das Bild des gerufenen Geistes dem Bild der materiellen Welt überlagert, sodaß man ihn „im Außen" vor sich sehen kann.

Dieselbe Form von Überlagerung eines inneren Bildes mit der äußeren Wahrnehmung geschieht auch bei der **Vision**. Es ist erstrebenswert, Visionen auch als solche zu erkennen, da man sonst in Halluzinationen, Psychosen und letztlich in einen Realitätsverlust geraten kann. Wenn man etwas Übung mit Traumreisen hat, sollte diese Unterscheidung nicht allzu schwer fallen, auch wenn Visionen zunächst einmal sehr „echt" aussehen können. Oft geschehen in Visionen jedoch Dinge, die eigentlich nicht sein können, z.B. daß sich ein Adler in eine Schlange verwandelt.

Mantra-Meditationen, die oft in Kombinationen mit Imaginationen und Atemübungen durchgeführt werden, haben die Aufgabe, die Konzentration auf ein Bild zu erhöhen – eben auf das Bild, das durch die Worte, aus denen das Mantra besteht, beschrieben wird. Dies kann z.B. der Name des Gottes sein, der die Qualität verkörpert, die man erreichen will.

Eines der wichtigsten Yesod-Rituale ist die **Schwitzhütte**, da man ihr sein Urvertrauen und die Geborgenheit wiederfinden kann.

Bei all diesen Methoden findet an der Schwelle eine Koordination des Wachbewußtseins und des Unterbewußtseins statt.

Diese Koordination von zwei Bewußtseinsformen ist ganz allgemein die Grundlage der Meditation. Eine der beiden Komponenten ist stets das Wachbewußtsein, da die Meditation sonst nicht wachbewußt wäre. Im Folgenden sind nur die drei wichtigsten Beispiele für die möglichen Kombinationen von Bewußtseinszuständen in der Meditation aufgeführt:

- Wachbewußtsein und Unterbewußtsein: Traumreise
- Wachbewußtsein und Tiefschlaf: Stille-Meditation (Zen)
- Wachbewußtsein und Ekstase: Tantra-Yoga, Kundalini

Die vier Bewußtseinsarten haben bestimmte Frequenzen im EEG, die jeweils doppelt so groß bzw. halb so groß sind wie die beiden ihnen benachbarten Bewußtseinszustände:

die Bewußtseinsarten			
Bewußtseinsart	*Bewußtsinhalte*	*Haus-Gleichnis*	*EEG-Frequenz*
Ekstase	eins	Schreibtisch-Lampe	24Hz
Wachbewußtsein	mehrere	Büro-Schreibtisch	12Hz
Unterbewußtsein	alle	Archiv	6Hz
Tiefschlaf-Bewußtsein	keins	Haus	3Hz

Diese Frequenzen, die die höheren bzw. niederen Oktaven voneinander sind, lassen sich miteinander kombinieren: So passen z.B. zwei Schwingungen des Wachbewußtseins in eine Schwingung des Unterbewußtseins.

Dadurch ergibt sich die Möglichkeit, das gesamte Bewußtsein, also alle vier Bewußtseinsarten, die normalerweise unkoordiniert nebeneinander schwingen, miteinander zu koordinieren, wodurch eine deutlich größere Ordnung und eine Gesamtschwingung entsteht, die ein Glücksgefühl hervorruft (indisch: „Ananda").

Bei der Traumreise werden nur die Schwingung des Wachbewußtseins und des Unterbewußtseins miteinander koordiniert.

Dieser Vorgang läßt sich auch nachweisen: In der Meditation, d.h. während des koordinierten Zustandes des Bewußtseins werden die Hirnströme so koordiniert und dadurch so stark, daß man mit dem Strom, der dadurch in den EEG-Sonden an dem Kopf des Meditierenden entsteht, eine Modelleisenbahn fahren lassen kann – was mit dem Strom in den EEG-Sonden an dem Kopf eines Menschen, der gerade nicht meditiert, nicht möglich ist.

In dem folgenden Schaubild ist oben der normale Bewußtseinszustand abgebildet und unten der vollständig koordinierte Meditationszustand.

Die Koordination der Bewußtseins-Rhythmen in der Meditation					
unkoordinierter Rhythmus (Normalbewußtsein)					
Tiefschlaf					
Traum					
Wachen					
Ekstase					
koordinierter Rhythmus (Meditation)					
Tiefschlaf					
Traum					
Wachen					
Ekstase					

Bei der Traumreise werden in der Meditation nur die Schwingungen des Wachbewußtseins und des Unterbewußtseins miteinander koordiniert; bei anderen Meditationen werden zusätzlich auch noch die Schwingungen anderer Bewußtseinsform in die Koordination miteinbezogen.

b) Drogen

Alle Drogen haben zunächst eine Wirkung an der Schwelle, die vom Wachbewußtsein und dem Körper zum Unterbewußtsein und der Lebenskraft führen. Einige Drogen führen zu einem umfassenderen Erfassen des Unterbewußtseins bzw. des eigenen Lebenskraftkörpers und der Lebenskraft in der eigenen Umgebung. Diese Drogen kann man Yesod zuordnen, da Yesod der Lebenskraftkörper ist.

Wahrnehmung der Lebenskraft

Cannabis führt oft dazu daß man „Schwingungen", „Vibrations" oder einen leichten leuchtenden Nebel, also die Lebenskraft sieht.

Weiterhin kann Cannabis dazu führen, daß die Kundalini erwacht, was jedoch in den allermeisten Fällen erst nach längerem Gebrauch oder in Kombination mit der einen oder anderen Meditation geschieht.

In Indien wird Cannabis als ein Geschenk des Shiva an die Menschen angesehen, das ihnen die Meditation erleichtert. Dabei ist es wichtig zu beachten, daß es einige Formen der Meditation erleichtern kann, aber nicht die Meditation als solche ersetzen kann. Shiva ist u.a. auch der Gott der erwachten Kundalini.

Cannabis kann auch zum Entstehen von Visionen führen.

Intensivierung der Träume

Intensivere Träume sowie luzide Träume, d.h. Träume, in denen man voll bewußt ist, werden durch mehrere Drogen hervorgerufen: **Beifuß**, **Mexikanisches Traumkraut**, **Aztekisches Traumkraut**, **Afrikanisches Traumkraut**, **Afrikanische Traumwurzel**, **Gelbrinden-Akazie**, **Ubhubhubhu**, **Uvuma Omhlope**, **Ikhathazo**, **Indische Seidenpflanze** und **Passionsblume**.

Weitere Drogen, die vor allem die Wahrnehmung von inneren Bildern fördern, sind **Wermut**, **Gift-Lattich** und **Alraune**.

Astralreise

Die **Hexensalben** sind vor allem für das Erreichen einer Astralreise gedacht. Daher enthalten sie Pflanzen, die beruhigen und entspannen, die den Körper schwer machen und die Wärme im Körper entstehen lassen. Dies sind die Phänomene, die entstehen, wenn sich die Aufmerksamkeit vom Körper auf den Lebenskraftkörper verschiebt. Dieselben Schritte, also „Entspannung, Schwere, Wärme" treten auch bei Entspannungsübungen, bei Buchstabenübungen, bei der Erweckung der Kundalini und bei der Hypnose auf – dies liegt daran, daß alle diese Prozesse eine Verschiebung der Aufmerksamkeit vom physischen Leib auf den Astralkörper sind.

Die Hexensalben rufen einen Nahtod hervor, durch den der Körper in den meisten Fällen erstarrt und der Astralkörper den physischen Leib verläßt. Das Problem mit den Hexensalben ist offensichtlich, daß die Wirkstoffe in ihnen stark genug sein müssen, um einen Nahtod hervorzurufen, aber nicht so stark sein dürfen, daß sie einen wirklichen Tod verursachen. Die Verwendung von Hexensalben und den in ihnen enthalten Stoffen ist also ausgesprochen gefährlich – bei falscher Dosierung endet das Astralreise-Experiment tödlich.

Die Hexensalben werden auf die Schleimhäute aufgetragen, die dann die Wirkstoffe in der Salbe in ihnen aufnehmen.

In Hexensalben können viele verschiedene Kräuter enthalten sein – es gibt eine sehr große Anzahl von traditionellen und modernen Mischungen. Der wichtigsten Zutaten sind fast immer sind Nachtschattengewächse wie **Schwarzes Bilsenkraut**, **Schwarzer Nachtschatten**, **Ägyptisches Bilsenkraut**, **Tollkirsche**, **Tollkraut** und **Stechapfel**. Weitere Zutaten sind **Fliegenpilz**, **Eisenkraut**, **Mondraute**, **Einjähriges Bingelkraut**, **Donnerbart**, **Alraune**, **Frauenhaarfarn**, **Johanniskraut**, **Selleriesaft**, **Fingerkraut**, **Mutterkorn**, **Wolfswurz**, **Eisenhut**, **Gefleckter Schierling**, **Wasserschierling**, **Ololiuqui**, **Beach Moonflower** und **Wermut**.

Die meisten diese Zutaten sind in zu hoher Dosierung tödlich! Bei den Griechen wurden früher Hinrichtungen mit Hilfe eines Schierlingtranks durchgeführt – auf diese Weise starb u.a. Sokrates.

Die Zutaten Vogelblut und Fledermausblut haben keine medizinische Wirkung, sondern sind Elemente eines Analogiezaubers: Vögel und Fledermäuse können fliegen, also hilft das Blut dieser Tiere, selber fliegen zu lernen (Astraleise).

Eine derartige Kräutermischung, allerdings als **„Nahtod-Trank"**, hat es auch im Kult des Odin und auch in anderen schamanischen Kulten gegeben. Das Problem bei diesen Kräuter-induzierten Astralreisen ist, wie gesagt, die richtige Dosierung – ein Fehler kann den Tod bedeuten ...

Der Odin-Trank enthielt **Nieswurz** und **Schierling** und evtl. noch **Bilsenkraut**, d.h. er war in der falschen Dosierung tödlich.

In den Mysterien von Eleusis wurde ein ritueller Trank mit dem Namen **„Kyknos"** („Schwan") zubereitet, der sehr wahrscheinlich Honig enthielt. Welche Kräuter in ihm enthalten waren, ist nicht sicher bekannt.

Der Name „Schwan" dieses Trankes läßt vermuten, daß dieser Trank wahrscheinlich eine Astralreise verursacht oder erleichtert hat, denn der Schwan (und die Gans) war bei den Indogermanen das wichtigste Symbol der Seele und des Astralkörpers und somit auch das wichtigste Symbol für die Astralreise gewesen. Die Vermutung, daß der Kyknos „Flug-Kräuter" enthielt, ist jedoch keineswegs sicher.

Da jedoch schon Homer um 800 v.Chr. in der Illias eine Flugsalbe erwähnt, die von Hera benutzt wurde, um zu Zeus auf den Ida-Berg zu fliegen, ist es gut denkbar, daß auch das Kyknos wie die Hexensalben eine Astralreisen-verursachende Wirkung gehabt hat. Weitere Beschreibungen von Flugsalben finden sich um 5 v.Chr. bei Ovid, um 50 n.Chr. bei Seneca und um 150 n.Chr. bei Apuleius. Die Flugsalben haben offenbar eine lange Tradition, von denen die mittelalterlichen Hexensalben nur die Endphase gewesen sind.

Die meisten **Nachtschattengewächse** wirken sehr stark auf die Psyche und können neben Astralreisen auch Visionen, Halluzinationen und ein verändertes Körpergefühl verursachen – und in falscher Dosierung den Tod.

Lange Zeit ist **Chloroform** für Narkosen verwendet worden. Dabei sind die Patienten recht häufig während der Operation in ihrem Astralkörper erwacht, d.h. sie schwebten über ihrem Körper und sahen, wie er gerade operiert wurde.

Derselbe Effekt kann auch bei **Ohnmachten** auftreten – unabhängig davon, wodurch sie verursacht worden sind. Im Gegensatz zur weitverbreiteten Meinung ist man in der Ohnmacht zwar nicht in der Lage, sich mit seinem Körper zu bewegen, aber es kommt durchaus vor, daß man in seinem Astralkörper bewußt wird und die ganze Szenerie von außen her betrachtet.

c) Wahrnehmung

Die optische Wahrnehmung ist ungefähr dieselbe wie in den meisten Träumen – Träume sind schließlich Wahrnehmungen der Bilder, die man in seinem Unterbewußtsein, d.h. in seinem Lebenskraftkörper gesehen hat: die Bilder in dem eigenen „Archiv".

Das auffälligste an diesen Bildern ist, daß es überall so etwas wie einen schwach leuchtenden Nebel gibt, der es ermöglicht, die Dinge auch dann zu sehen, wenn es keine Lichtquelle gibt. Die Dinge selber erscheinen oft nur schemenhaft und in verschiedenen Grautönen – es kommen jedoch auch einzelne Farbschimmer und schärfere Konturen vor.

Bisweilen sind die Bilder auch recht deutlich – das geschieht jedoch meistens erst bei einiger Übung mit Traumreisen oder mit wiederholten Einnahmen von Drogen.

Doch bei der Wirkung von Drogen und Meditationen spielt auch immer die Veranlagung des Betreffenden ein große Rolle – und ebenso sein Horoskop. Daher können hier bei den Wahrnehmungen immer nur die durchschnittlichen Phänomene beschrieben werden – die meisten Menschen träumen so wie eben beschrieben, aber es gibt auch Menschen mit sehr lebhaften, farbigen und detailreichen und scharfen Bilder und genauso gut gibt es Menschen, die fast immer abstrakt und ohne Bilder träumen.

Aber die normalen Durchschnitts-Phänomene geben immerhin eine recht verläßliche Orientierung, aus welchem Bereich eine Wahrnehmung stammt.

d) Urbild

In Yesod gibt es gleich mehrere Urbilder, die jedoch alle miteinander zusammenhängen:

1. Die Wahrnehmung der Lebenskraft ist die Grundlage aller Erlebnisse in Yesod. Dies liegt schlicht daran, daß man nach innen blickt bzw. die Innenseite der Dinge sieht.

Man kann die Lebenskraft ganz allgemein als milchigweißes Licht mit einem leichten Blauschimmer sehen, manchmal sieht man sie auch farbig – was jedoch deutlich seltener ist. Man kann sie auch als Hitze oder ein elektrisches Prickeln spüren sowie als leichten Druck-Widerstand. Die Inhalte der Lebenskraft, also die Informationen in ihr, nimmt man als die Bilder auf Traumreisen, in Meditationen oder bei Visionen wahr. Es gibt jedoch auch Klang-, Geruch-, Tast- und Wärme-Wahrnehmungen.

2. Der Astralkörper ist der eigene Anteil an der Lebenskraft und daher der wichtigste Teil der Lebenskraft. Das Erlebnis der Astralreise führt dazu, daß man sich nicht mehr nur als den eigenen physischen Körper auffaßt – es gibt noch mehr. Das Erlebnis des eigenen Astralkörpers bei der Astralreise hat zu der Vorstellung einer Seele und somit auch zu der Entstehung der Religion geführt.

3. Man sieht in manchen Fällen eine Schnur aus Lebenskraft von dem eigenen Astralkörper zu seinem physischen Leib. Diese Verbindung wird auch „Silberschnur" genannt – das „silbern" beschreibt das milchigweiße Licht, also die Lebenskraft, aus dem sie besteht.

Diese Lebenskraft-Schnur ist vermutlich eine Erinnerung an die Nabelschnur, durch die man als Ungebornes im Mutterleib mit dem Leib der Mutter verbunden gewesen ist. Diese Lebenskraft-Nabelschnur ist das Symbol des Ernährtwerdens, der Verbundenheit, der Geborgenheit und des Geschütztwerdens.

Diese Silberschnur hat auch das Wort „Religion" geprägt, das wörtlich übersetzt „Rückverbindung" bedeutet. Dasselbe Motiv gibt es auch in anderen Sprachen – so werden z.B. bei den Germanen die Götter „Bönd" genannt, was „Band, Verbindung" im Sinne von „das, womit man verbunden ist" bedeutet.

4. Der wichtigste Vorgang in dem Lebenskraftkörper ist das Erwachen, Aufsteigen und Fließen der Kundalini, das als intensive Hitze erlebt wird.

Dieses Fließen ist auch das ungehinderte Fließen der Lebenskraft und somit auch des eigenen Lebens: Das Fließen der Lebenskraft wird möglich, wenn alle Blockaden aufgelöst sind, und die Blockaden lösen sich auf, wenn die Kundalini zu fließen beginnt.

Die Kundalini ist somit auch die Heilung, die Lebensintensität und die Lebensfreude sowie der ungehinderte Ausdruck dessen, was man ist.

5. Der Lebenskraftkörper ist nicht von dem Rest der Welt isoliert – es liegt im Wesen der Lebenskraft, Verbindungen zu schaffen und mit ähnlichem in Resonanz zu gehen. Durch die Resonanz des eigenen Charakters zu der Tierart, die dem eigenen Charakter am meisten gleicht, entsteht das Krafttier.

Genauer gesagt ist das Krafttier mit der Art der eigenen Dynamik in Resonanz verbunden, die Kraftpflanze mit der Art der eigenen Haltung und der Kraftstein mit der eigenen Art von Strukturen.

Die beiden wichtigsten Lebenskraft-Verbindungen sind die nach unten zum Kern der Erde und die nach oben zum Herzen der Sonne. Die Lebenskraft, die aus der Erde aufsteigt, fließt in das Wurzelchakra des Menschen und wird dann im Körper als Kundalini erlebt – sie nährt. Die Lebenskraft, die von oben von der Sonne kommt, fließt durch das Scheitelchakra in den Menschen und wird als „Segen" erlebt – sie integriert. Dies sind die beiden wichtigsten Lebenskraft-Nabelschnüre des Menschen, nachdem die Lebenskraft-Nabelschnur zu der eigenen Mutter nach den ersten paar Lebensjahren allmählich in den Hintergrund getreten ist.

Eine weitere Lebenskraftschnur dieser Art scheint auch zum Mond zu bestehen – doch das ist unsicher. Die Qualität des Mondes entspricht jedenfalls der Sephirah Yesod: Lebenskraft, Geborgenheit und Muttergöttin.

6. Die Muttergöttin ist das Urbild für die Quelle der Lebenskraft – die Mutter ist die Quelle der Lebenskraft für das ungeborene Kind. Später treten an die Stelle der Mutter und des Vaters, der in Bezug auf die Lebenskraft jedoch eine untergeordnete Rolle spielt, die Muttergöttin, die auch die Erdgöttin ist, sowie der Sonnengott-Göttervater.

7. Die Schwitzhütte ist wahrscheinlich das älteste Ritual und stammt aus der Mittleren Altsteinzeit, also vom Anfang der letzten Eiszeit vor 600.000 Jahren. Sie ist eine halbkugelförmige Hütte, die den Bauch der Mutter symbolisiert und in deren Mitte glühende Steine liegen und die Hütte erhitzen. Die Schwitzhütte ist nicht nur der Ursprung der Sauna, sondern auch das Urbild aller Tempel, die sich aus ihr entwickelt haben.[3]

In der Schwitzhütte kehrt man in den vorgeburtlichen Zustand zurück, entspannt sich, findet die Geborgenheit und das Urvertrauen wieder und füllt

---

3 Siehe bei Bedarf mein Buch „Die sieben Schritte des Lebens" oder auch „Schwitzhütten".

sich wieder mit Lebenskraft auf.

Eine Variante der Schwitzhütten-Zeremonien sind Anrufungen der Muttergöttin – dabei verbindet man sich mit der Muttergöttin ohne die Hilfe des Rituals in der Schwitzhütte, die den Bauch der Muttergöttin symbolisiert.

Das Erlebnis der Lebenskraft, des eigenen Astralkörpers (= Lebenskraftkörpers) und der beiden Lebenskraft-Verbindungen zur Erde und zur Sonne stellen die ursprüngliche Geborgenheit und das Urvertrauen wieder her. Daher sind diese Erlebnisse auch der Kern der meisten Religionen, der ursprünglich durch die Muttergöttin und später in den Religionen während des Königtums dann durch den Göttervater verkörpert wurde. Auch die Mysterien und die Meditationen haben das Wiederfinden dieses Lebensgefühls zum Ziel.

Da es mithilfe von Drogen möglich ist, ein wenig von diesem Lebensgefühl wiederzufinden, ist es leicht verständlich, daß Drogen auch süchtig machen können. Wenn man nur mithilfe von Drogen diesen „guten Zustand" wiederfinden kann, will man dieses Erlebnis natürlich mithilfe der Drogen wiederholen.

Daher ist es von großer Bedeutung zu erkennen, daß das, was man mithilfe der Drogen erleben kann, als Möglichkeit bereits in einem liegt und keinesfalls erst durch die Drogen erschaffen wird. Die Drogen ermöglichen nur den Zugang zu diesem Bereich des eigenen Wesens. Bei dem Erlebnis der Astralreise mithilfe einer Hexensalbe ist dies offensichtlich – der Astralkörper wird ja nicht durch die Drogen erschaffen. Aber dies trifft genauso für die Fähigkeit, die Lebenskraft wahrzunehmen oder die Geborgenheit wiederzufinden, zu.

Jede Sucht ist in einem großen Maße ganz einfach das Verlangen nach dem Erleben des Yesod-Zustandes, nach dem Erleben der Fülle der Lebenskraft in einem selber und um einen her in der Welt.

e) Vergleich

Die meisten Drogen verstärken die Wahrnehmung der Lebenskraft – als inneres Bild, als äußeres Bild, als Astralreise oder als Zustand des Erfülltseins.

Die Rituale, Meditationen usw. sind dabei deutlich differenzierter als die Drogen, da man in Magie-Ritualen die Lebenskraft gezielt mit bestimmten Prägungen (Elemente, Planeten, Gottheiten usw.) herbeirufen kann. Allerdings ist die Intensität der Wahrnehmung meistens bei den Drogen intensiver – zumindestens solange, wie man noch ein unerfahrener und ungeübter „Zauberlehrling" ist …

Dasselbe gilt für die Astralreise – sie läßt sich in den meisten Fällen mithilfe von Drogen schneller herstellen als ohne Drogen. Es gibt jedoch auch Menschen, denen die Astralreise leicht fällt und die dafür keine Drogen benötigen. Der große Nachteil der Astralreise-Drogen ist ihre Gefährlichkeit – die wirksame Dosis und die tödliche Dosis liegen oft nah beieinander.

B Hod
(Sephirah 8)

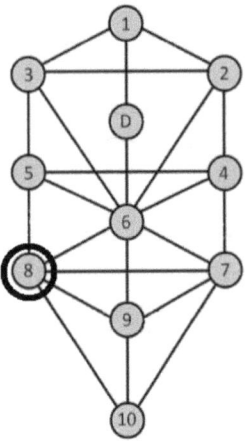

Hod ist das erste Element auf dem Lebensbaum, das nicht auf der „Mittleren Säule"
liegt, also das keins von den Elementen „1, D, 6, 9, 10" ist.

Auf der „Mittleren Säule" liegen die grundlegenden Bewußtseinszustände – auf den
beiden seitlichen Säulen sind „Hilfsfunktionen" zu finden.

Hod, also die Sephirah 8, beschreibt die Strukturen in der Lebenskraft. Auf das
menschliche Bewußtsein bezogen ist dies das Denken: Der Verstand erfaßt Zahl und
Maß und vergleicht, sieht Wiederholungen, abstrahiert dies zu Gesetzmäßigkeiten und
wendet diese dann zum Verstehen einer Situation und zur Planung des eigenen Han-
delns an.

a) Meditation, Traumreisen u.ä.

Das klare Denken – oder zumindestens das **Denken** überhaupt – ist in unserer Kultur ein zentrales Element: Sprache, Mathematik, Philosophie, Logik, Forschung,
Schule, Computer, Internet usw. Daher ist es kaum notwendig, diese Fähigkeit bevor-
zugt zu üben – allerdings ist das Streben nach Klarheit, Aufrichtigkeit und Präzision
in diesem Bereich durchaus wünschenswert, da in dieser Hinsicht noch nicht von
allen das Optimum erreicht worden ist.

Man kann auch **Traumreisen nach Hod** unternehmen. Die Traumreise an sich ist eine Yesod-Methode und gehört zu Yesod. Man kann diese Methode jedoch benutzen, um von jedem der Bereiche auf dem Lebensbaum zur Wahrnehmung von Bildern zu gelangen. Man wird auf einer Hod-Traumreise vermutlich solche Götter wie Merkur, Hermes und Thot antreffen, die mit dem Verstand zu tun haben. Man kann hier auch Hilfe beim Entwickeln von innerer Klarheit, geistiger Geschicklichkeit, Erfindungsreichtum und ähnlichem finden.

Zu den meditativen Übungen von Hod können z.B. das Streben nach Standfestigkeit in Diskussionen, die Förderung der Reaktionsschnelligkeit, die Wortgewandtheit, die sprachliche Schlichtheit, die Dichtkunst u.ä. gehören.

Das Chakra, das Hod entspricht, ist das **Hara** – das zweite Chakra von unten, das auf das Wurzelchakra folgt, das zu Yesod gehört. Das Hara stellt die inneren Formen, den inneren Halt und somit die Standfestigkeit dar und daher auch die Fähigkeit, sich eine Sache möglichst klar und eigenständig anzuschauen und ihr Wesen zu erfassen.

b) Drogen

Wie die Beschreibung der Eigenschaften von Hod und der möglichen Meditationen in diesem Bereich schon zeigt, ist Hod kein bevorzugtes Ziel von Drogen.

Allerdings gibt es durchaus auch so etwas wie einen „Rausch der Klarheit", in dem einem wie in einer großen Woge auf einmal viele Zusammenhänge klar werden. Diesen sehr speziellen Rausch kann man jedoch auch beim normalen, konzentrierten Denken und in der Meditation erreichen. Der berühmte altgriechischen Ausruf „Heureka!" („Ich hab's gefunden!") des Archimedes ist vermutlich mit einem solchen „Rausch der Klarheit" verbunden – das ist wirklich ein Zustand, den es zu erleben lohnt!

Die bekanntesten Drogen, die zu dieser Sephirah passen, sind **Grüntee** und **Schwarztee**. Beide machen wacher und konzentrierter, wobei Grüntee nebenbei noch eine beruhigende Wirkung hat und Schwarztee eher aktiv macht. Beide haben jedoch nur eine das Denken durch Wachheit unterstützende Wirkung – sie fördern nicht das Denken selber.

Die stärkste „Klarheits-Droge" ist die **Hawaiianische Holzrose**, die eine große Einsicht in die eigene Psyche verschaffen kann. Das Problem dabei ist jedoch, sich alle diese Einsichten auch merken zu können. Möglicherweise hilft es, alles, was man während der Wirkung der Droge wahrnimmt und erkennt, auch auszusprechen und es per Mikro aufzunehmen.

Auch der **Galgant** (eine Ingwer-Art) kann zu dem Erlebnis einer überdeutlichen Klarheit führen.

Es gibt die eine oder andere Szene in Romanen u.ä., wo ein Elixier gebraut wird, dessen Einnahme das Denkvermögen in ungeahnter Weise steigert. Die älteste Variante dieser Elixiere und ähnlicher Methoden ist der **„Nürnberger Trichter"**, durch den man Wissen in einen Kopf schütten kann.

Es ist allerdings trotz vieler Versuche meines Wissens bis heute keine Droge oder kein Verfahren bekannt, das das Denken oder das Lernen ersetzen kann.

c) Wahrnehmung

Die Wahrnehmung ist in diesem Bereich dieselbe wie in Yesod, nur daß hier vor allem Formen prägend sind: Beim Denken entstehen im Inneren mehr oder weniger klare Formen, die untersucht oder mit anderen Formen verglichen und kombiniert werden. Daher ist das Üben des räumlich-geometrischen Vorstellungsvermögens eine große Hilfe beim Denken. Allerdings kann die Bewußtheit und das tatsächliche innere Sehen dieser Denk-Formen bei den Menschen sehr verschieden stark ausgeprägt sein – was allerdings vor allem etwas über den Stil des Denkens und nicht über die Qualität oder das Niveau des Denkens des betreffenden Menschen aussagt.

d) Urbild

Das Urbild der Sephirah Hod ist entweder das Denken selber oder der Denker, der die Fähigkeiten Ehrlichkeit, Aufrichtigkeit, Klarheit, Geschick, Geistesschärfe, Erfindungsreichtum, Realitätssinn usw. hat. Dies kann sich zu dem Bild eines Schülers, eines Erfinders, eines Forschers, einer merkurischen Gottheit o.ä. verdichten.

Dieses Urbild ist derart fest in unserer westlichen Kultur verwurzelt, daß es kaum noch zu sehen ist – es prägt eben alle Bereiche …

Eine Blüte dieser Ausrichtung unserer Kultur sind die Computer und das Internet. In begrenztem Rahmen können auch sie denken, wenn man „Denken" ganz schlicht als die Fähigkeit, Formen zu kombinieren, definiert – also letztlich als Mathematik.

e) Vergleich

Bezüglich des klaren Denkens findet sich weder in der Meditation noch bei den Drogen allzuviel – allerdings ist das Denken in unserer Kultur schon derartig dominant, daß es nicht mehr allzusehr gefördert werden muß. Allerdings ist nicht alles, was den Tag über so gedacht wird, auch immer sonderlich klar und tiefgründig …

Die Wirkung der Hawaiianischen Holzrose und des Galgants könnten noch ein wenig weiter erforscht werden, um Methoden zu entwickeln, durch die man sich das, was in diesem „Rausch der Klarheit" alles erkennt, auch merken und anschließend anwenden kann.

Anrufungen des Thot, Traumreisen zu Hermes, die Prägung eines Ortes mit den Qualitäten des Merkur (Feng-Shui) können durchaus die Klarheit, Ausdauer und Effektivität des Denkens in beachtlichem Maße fördern, aber denken muß man trotzdem immer noch selber.

Hier besteht noch einiges an Forschungs-Möglichkeiten und an Entwicklungs-Potential …

C Netzach
(Sephirah 7)

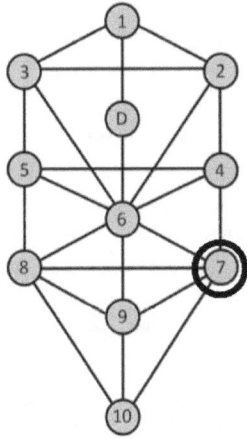

Yesod sind die inneren Bilder, Hod die inneren Strukturen und Netzach die inneren Motivationen. Alle drei zusammen bilden die Psyche. Die „Substanz" der Psyche ist die Lebenskraft. Die Informationen in ihr bestehen aus einem Bild, also einer Vorstellung oder Erinnerung (Yesod), den Strukturen in diesen Bildern (Hod) und der emotionalen Aufladung dieser Bilder (Netzach).

Netzach beschreibt somit die Gefühle – die im Gegensatz zu den Gedanken von Hod in unserer Zivilisation weit weniger kultiviert worden sind. Manchmal beschränkt sich die Gefühls-Weisheit auf die Erkenntnis, das Gefühle ein schwieriges Thema sind …

a) Meditation, Traumreisen u.ä.

In Bezug auf Netzach ist die Situation eher umgekehrt wie in Bezug auf Hod: Es gibt zwar in unserer Kultur viele Hod-Methoden wie Mathematik, Logik, Sprache, Philosophie, Wissenschaft usw., aber im Gegensatz dazu eher nur rudimentäre Netzach-Methoden wie das Nachspüren, das Gefühle-Zulassen u.ä.. Beides, also das Denken von Hod und das Fühlen von Netzach, nimmt jedoch erst in den Bildern von Yesod eine klare, konkrete Form an. Hod und Netzach sind Wurzeln von Prägungen von Yesod – durch Fühlen (Netzach) und Denken (Hod) sowie durch Wahrnehmen und Erinnern (Yesod) entstehen die Bilder in der Psyche, die dann das Verhalten

115

(Malkuth) prägen.

Die Netzach-Meditationen bestehen darin, Gefühle tatsächlich zu **fühlen** und sie weder zu verdrängen noch zu übersteigern und sie auch nicht zu verbiegen und zu verzerren.

Man kann auch **Traumreisen nach Netzach** unternehmen und sich die eigenen Gefühle anschauen.

Indem man sich immer die eigenen Gefühle anschaut, sie fühlt, sie betrachtet, ihre Entwicklung und ihre Verwandlungen untersucht, kann man schließlich zu einer „Weisheit der Gefühle" gelangen und die Vielfalt der Gefühle entdecken.

Es gibt in der deutschen Sprache mehr als 700 Begriffe, die Gefühle beschreiben. Es scheint also durchaus eine differenzierte Wahrnehmung der Gefühle zu geben – nur fehlt im allgemeinen der Überblick und das Verständnis für die Dynamik von Gefühlen.[4]

Es gibt kaum Netzach-Meditationen – sie bestehen im Allgemeinen einfach in der Einsicht, daß es ab einem bestimmten Niveau nicht mehr ausreicht, eine Meditation einfach nur formal richtig durchzuführen: Ab dem Erreichen der Fähigkeit innerlich Bilder wahrzunehmen und zu imaginieren (Yesod) sowie ihre Strukturen zu verstehen (Hod), gibt es keine Weiterentwicklung mehr, wenn man in der Meditation nicht zu fühlen beginnt. Das bedeutet ganz schlicht, daß man nicht nur sachlich-nüchtern ein Ziel zu erreichen versucht, sondern daß man sich mit Sehnsucht nach diesem Ziel erfüllen muß, das eigene Sehnen in sich zuläßt und fördert. Das wird manchmal ein wenig poetisch als „sich mit Gebet entflammen" umschrieben. Erst durch Netzach entsteht die Flammen-Aura, die um Buddha, Shiva, Mohammed und andere Gottheiten, Religionsgründer, Yogis und Heilige dargestellt wird.

Diese Flammen-Aura hat ihren Ursprung im **Sonnengeflecht**, das das Chakra ist, das Netzach entspricht. Das Sonnengeflecht ist das Chakra der Gefühle. Wenn es erwacht, geht von ihm ein elektrisches Prickeln aus, das sich in den ganzen Körper hinein ausdehnen kann, was zunächst einmal gewöhnungsbedürftig ist, aber zugleich ein Gefühl von großer Lebendigkeit, von Strahlen und schließlich von einer Flammen-Aura vermittelt. Dann beginnt man zu strahlen.

Man kann das Sonnengeflecht durch Mantra-Meditationen, durch Atemübungen, durch Kundalini-Yoga und viele andere Methoden erreichen – aber das wichtigste Element bleibt stets die Bereitschaft und der Wunsch und das Sehnen, wieder intensiv und lebendig zu fühlen.

---

4 Siehe bei Bedarf mein Buch „Gefühle und ihre Verwandlungen".

b) Drogen

Drogen, die diesen Zustand des Strahlens hervorrufen, sind meines Wissens nicht bekannt.

Jedoch hat **Alkohol** immerhin die Wirkung, Gefühle und Impulse, die man ansonsten eher bremst, beherrscht, kontrolliert und verdrängt, freizulassen. Das ist zwar nicht das höchste Niveau, das man in Netzach erreichen kann … aber immerhin … Es ist besser, als die Gefühle endlos einzusperren.

Ein mit dem Genuß von Alkohol kombiniertes Ritual, bei dem die verdrängten Gefühle und Bedürfnisse freigelassen werden, ist der Karneval – neun Monate nach Karneval sind die Kreißsäle der Krankenhäuser im Rheinland stets überbelegt …

Ähnliche Rituale, in denen für einige Tage alle Regeln außer Kraft gesetzt werden, gibt es auch bei anderen Völkern – auch bei weit entfernten Kulturen wie der der Dakota-Indianer.

Diese Rituale und ihre teilweise Verknüpfung mit Alkohol zeigt, daß es eine Menge an verdrängten Gefühlen gibt, die nach Heilung und Ausdruck suchen. Die Netzach-Meditationen und die Entwicklung einer Kultur der Gefühle sind also durchaus von großer Bedeutung.

Die Wirkung der **Betel**-Nuß ist ähnlich wie die von Alkohol.

MDMA („Ecstasy") fördert sowohl die Emotionalität als auch das Kontaktbedürfnis – sie ist die „Kuscheldroge". Sie gehört daher sowohl zu Yesod als auch zu Netzach.

Sinicuichi fördert sowohl das Sehen von inneren Bildern als auch das Wohlbefinden – medizinisch formuliert, also eine Euphorie.

Die **Antidepressiva** gehören ebenfalls zu dieser Sephirah der Gefühle und Motivationen.

c) Wahrnehmung

Die Wahrnehmung ist in Netzach dieselbe wie in Yesod, nur daß hier die Bewegungen und die Impulse der Bilder betont werden. Zudem sind die farblichen „Kolorierungen" der Traumbilder und Traumreisen-Bilder ein wenig häufiger. Doch auch hier sind die Farben in aller Regel nur sanfte, matte Farbschattierungen.

Yesod ist das Bild an sich, Hod fügt Strukturen hinzu und Netzach gibt ihnen Bewegungen.

117

d) Urbild

Das Urbild ist der fühlende Mensch. Oft ist dies eine Liebesgöttin wie Venus oder Aphrodite, aber Gefühle finden sich genauso bei Männern. In unserer Kultur wird das Fühlen jedoch meist den Frauen zugeordnet – aber ist ein vor Wut tobender Chef, der gleichzeitig noch in den Ausschnitt seiner Sekretärin schielt, nicht auch ein emotionaler Mensch?

Da in unserer Kultur die Gefühle im Gegensatz zum Denken stiefmütterlich behandelt werden, ist in unserer Kultur das Urbild der Denkers weit deutlicher und detaillierter und in einer reiferen Form vorhanden als das Urbild des Fühlenden. Hier gibt es noch sehr viel Entwicklungspotential …

e) Vergleich

Auch hier bei der Sephirah Netzach (Fühlen) gibt es wie bei der Sephirah Hod (Denken) nur wenig spezielle Meditationen oder Drogen.

Alkohol und Betel bauen vor allem Hemmschwellen ab, was indirekt auch das Ausdrücken von Gefühlen fördert. Antidepressiva verstärken hingegen diese Schwelle.

MDMA („Ecstasy") und Sinicuichi fördern die Kontaktfreudigkeit und das Wohlbefinden. Diese beiden Drogen gehören somit sowohl zu Yesod (allgemeines Wohlbefinden) als auch zu Netzach (Gefühle).

Die Netzach-Meditationen und Netzach-Rituale helfen vor allem Gefühle zu erkennen, aber nur in begrenztem Maße auch, emotionaler zu werden.

Es läßt sich insgesamt feststellen, daß die fünf Sephiroth auf der Mittleren Säule des Lebensbaumes sowie die vier Übergänge eine deutlich engere Bindung sowohl an Drogen als auch Meditationen und Rituale haben als die drei äußeren Paare von Sephiroth.

2. Übergang: Graben
(zwischen Psyche und Seele)

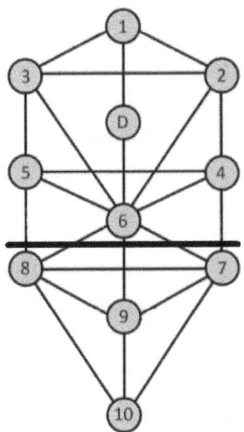

Der Graben ist der Übergang zwischen der Psyche und der Seele. Die Seele ist das, was sich inkarniert hat, sie ist der Ursprung, die Quelle, der Same und die Essenz der Psyche.

So wie die Schwelle ein Tor ist, an dem man seinen Blick von etwas gut Bekanntem (die Außenwelt) auf etwas Neues (die Innenwelt) richtet, so ist auch der Graben ein Tor, an dem man seinen Blick von der nun bereits bekannten Psyche auf etwas Neues richtet: auf das eigene Zentrum.

a)   Meditation, Traumreisen u.ä.

Dieser Übergang ist für die **Selbstfindung** einer der wichtigsten Orte auf dem Lebensbaum.

Von Yesod ausgehend finden sich hier die bildhaften Methoden wie die **Traumreise zur eigenen Mitte** und die meisten rituellen **Einweihungen**. Nachdem man seine eigene Mitte gefunden und gesehen hat, imaginiert man sich selber in dieser Gestalt.

Von Hod ausgehend finden sich hier die Methoden, die Denken und Sprache benutzen wie das Sprechen eines **Seelen-Mantras**, die intensive Beschäftigung mit dem eigenen **Horoskop**, das Verfassen einer **Hymne an sich selber** und vor allem das Erlernen der **Gedankenstille** („Zen-Meditation").

Von Netzach ausgehend finden sich hier die emotionalen Methoden, bei denen die eigenen Gefühle als die **„Sonnenstrahlen"** der eigenen inneren Sonne erkannt werden und bei denen man **sich im Gebet an die eigene Seele entflammt**, d.h. eine immer größere **Sehnsucht** nach der eigenen Mitte erzeugt.

Am Graben selber findet die Begegnung mit dem eigenen **Schatten** (die verdrängten Anteile der Psyche) und der **symbolische Tod** statt. Diesen Prozeß haben die Alchemisten als „solve et coagula" umschrieben, d.h. als „lösen und binden", wobei der Graben die Phase des Lösens und Auflösens ist. Die Eigenschaften, die hier gebraucht werden, sind das Loslassen, die Hingabe und das, was man etwas altmodisch als „Demut" bezeichnet.

Der Graben ist der Ort, an dem viele mythologische Ereignisse stattfinden: das **Selbstopfer**, die **Jenseitsreise**, die **Mysterien**, der **Rückzug in Einsamkeit**, der Tod und die Wiedergeburt sowohl des **Korngottes** als auch des **Sonnengottes**, **Christi Kreuzigung** usw. Zu diesem Übergang gehört die Tarot-Karte **„Der Gehängte"**.

b) Drogen

Die Droge, die am deutlichsten mit dem Graben verbunden ist, ist das **LSD**. Sie kann zu Erlebnissen mit der eigenen Seele führen, die dabei häufig als Innere Sonne (auch „Zentralsonne" genannt) erlebt wird.

Der bei der Einnahme von LSD manchmal auftretende „Horrortrip" ist eine Begegnung mit dem eigenen Schatten.

c) Wahrnehmung

Die Art der Wahrnehmung an dem Graben auf dem Lebensbaum ist sehr markant: Die Bilder sind farbig, sie beginnen von innen her zu leuchten, sie haben extrem scharfe Konturen und sie befinden sich in einem ständig Fluß der Verwandlung.

Es gibt viele Versuche, diese Bild-Qualität darzustellen – ein Teil von ihnen findet sich in dem bereits genannten Buch „Psychedelische Kunst" von Masters und Houston. Ein neuerer und gut gelungener Versuch, diese Qualitäten darzustellen, findet sich in dem MCU-Film „Dr. Strange" in der Szene, in der Dr. Strange in Nepal das erste Mal seinen eigenen Körper mit seinem Astralkörper verläßt und Visionen hat.

d) Urbild

Das mit dem Graben verbundene Urbild ist die Geburt (bei der das Horoskop entsteht) und der Tod (bei dem das Horoskop aufgelöst wird) sowie die Jenseitsreise und die damit verbundene Auflösung und Neu-Zusammensetzung. Die Mysterien sind eine rituelle Einzel- oder Gruppen-Jenseitsreise, zu der als Vorbild die „sterbenden und wiedergeborenen Götter" gehören, d.h. die Korngötter, die Sonnengötter, die Schamanengötter und die Mysteriengötter.

e) Vergleich

Die einzige Droge, die deutlich mit dem Graben verbunden ist, ist LSD – wie sich anhand der übereinstimmenden Form der Wahrnehmungen nach der Einnahme von LSD und von Visionen oder inneren Bildern am Graben feststellen läßt: farbige, von innen her leuchtende und fließende Bilder mit sehr scharfen Konturen.

Allerdings haben Mescalin, Psilocybin, Ayahuasca und ähnliche Drogen auch einen Bezug zu diesem Übergang, da sie über ihn hinüber in den Seelenbereich führen können.

In der Magie, in den Mysterien, in den Einweihungen und vielen Meditationen ist dieser Übergang ein zentrales Thema: die Begegnung mit dem eigenen Schatten und der rituelle bzw. symbolische Tod vor der Begegnung mit der eigenen Seele: die Jenseitsreise.

LSD hat den Vorteil, daß es recht ungefährlich ist – Einweihungen haben den Vorteil, daß sie zielgerichteter sind. Es liegt daher nahe zu erforschen, in welcher Weise man beides kombinieren kann.

Dies ist auch schon in vielen Kulturen geschehen, in denen in den Mysterien und den ihnen entsprechenden Ritualen ein Drogen-haltiges Getränk getrunken wurde: der Odins-Trank bei den Germanen, Soma bei den Indern, Haoma bei den Persern, Nektar ambrosia bei den Griechen, Kyknos in Eleusis, Balché bei den Mayas usw.

Sehr wahrscheinlich ist die Kombination dieser beiden Methoden am effektivsten, wenn zum einen die Absicht sehr klar ist und zum anderen das Ritual von einem sachkundigen und erfahrenen Menschen geleitet wird, der auch den Trank zubereitet, den rituellen Rahmen hält und bei unvorgesehenen Ereignissen weiß, was zu tun ist.

Natürlich ist es auch möglich ohne Drogen den Graben zu überqueren und zu der eigenen Seele zu gelangen – und ebenso ohne Ritual und mit oder ohne Drogen der eigenen Seele zu begegnen.

3. Bereich: Seele
(Sephiroth 4, 5, 6)

Der 1. Bereich stellte den physischen Körper dar, der 2. Bereich die Psyche und der nun folgende 3. Bereich die Seele. Mit „Seele" ist das Element gemeint, das sich in einem Menschen inkarniert hat und das dann dessen „Samenkorn" ist.

Dieser Bereich ist natürlich nicht auf dieselbe Weise bekannt wie der Körper durch die medizinische Forschung oder die Psyche durch die psychologische Forschung, sondern nur durch die spirituell-magische Forschung, die andere Methoden als die Naturwissenschaften benutzt. Trotzdem kann man auch hier zu belastbaren Erkenntnissen kommen.

A Tiphareth
(Sephirah 6)

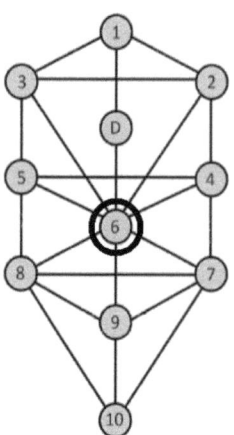

Tiphareth ist das Zentrum auf dem Lebensbaum in der Mitte zwischen der Einheit und dem Bewußtsein von Kether („1") und der Vielheit und der Materie von Malkuth („10"). Diese Sephirah (Bereich auf dem Lebensbaum) ist die Seele, die Gott (Kether) und die Welt (Malkuth) erlebt.

a) Meditation, Traumreisen u.ä.

Die Meditationen, die zu dem Graben gehören, lassen sich kaum von denen, die zu Tiphareth gehören, unterscheiden, da der Graben der Weg zu Tiphareth ist.

Eine **Traumreise nach Tiphareth** ist zunächst die naheliegendste Methode, um die eigene Seele kennenzulernen.

Bei der Meditation der **„Reise in die Seelen-Stadt"** imaginiert man, durch eine Wüste zu einer Stadt zu wandern und dann dort zu dem zentralen Tempel (das eigene Herzchakra) zu gehen und die eigene Seele zu rufen. Diese Reise ist der Weg von der Psyche nach Tiphareth.

Eine weitere Version der Reise nach Tiphareth ist die **Traumreise zu der Zeit direkt vor der eigenen Zeugung**, da man damals nur eine Seele ohne Psyche und Körper gewesen ist.

Eine Variante dieser Methode ist die **Rückführung**.

Der Weg von Yesod, Hod und Netzach bis zum Graben ist das „solve" (Auflösen) der Alchemisten-Formel **„solve et coagula"**, während der Weg vom Graben bis nach Tiphareth das „coagula" ist. Man könnte diese beiden Phasen auch ein wenig kreativ als „Psychoanalyse" und als „Psychosynthese" bezeichnen.

Da das Herzchakra der Tempel der Seele ist, sind alle Formen der **Herzmeditation** förderlich, wenn man der eigenen Seele begegnen will. Die Herzmeditationen sind in den meisten Meditationssystemen das zentrale Element.

Schließlich gibt es noch die **Einweihungs-Rituale** und die **Mysterien-Zeremonien**, die in den allermeisten Fällen auch das Erlebnis der eigenen Seele zum Ziel haben.

Generell gehören auch alle **Sonnen-Rituale** und ähnliches wie z.B. der Sonnengruß im Yoga zu diesem Bereich.

b) Drogen

Eine Droge, deren primäre Wirkung es ist, daß man die eigene Seele findet, ist nicht bekannt. Allerdings gibt es einige Drogen wie **LSD**, deren Wirkung in die Nähe der eigenen Seele führt.

Generell scheint es so zu sein, daß Drogen nur dann zu den höheren Bereichen auf dem Lebensbaum, also über den Graben hinauf führen, wenn die Drogen mit Meditationen und Ritualen kombiniert oder in einem traditionellen spirituellen Rahmen eingenommen werden.

Weitere Drogen, die sowohl zu dem Graben als auch zu Tiphareth gehören, da die

Art ihrer Visionen diesen beiden Bereichen entspricht, sind **Ayahuasca**, **Calumbi**, **Peyote**, **Echinopsis-Kakteen**, **Psilocybin**, **Rohrglanzgras**, **Steppenraute**, **DMT** und **Himmelblaue Prunkwinde**. Für diese Drogen gilt dasselbe wie für LSD: Die Droge alleine führt noch nicht zur Erkenntnis der eigenen Seele, aber sie kann helfen, in den Bereich zu gelangen, in dem man der eigenen Seele begegnen kann.

c) Wahrnehmung

Die Wahrnehmungen in Tiphareth sind meistens stehende Bilder, also unbewegte Symbole oder meist einfache Szenen, die von innen her leuchten, eine große Klarheit haben, den Betrachter berühren und eine Tiefe haben, die ein intuitives Verständnis ermöglicht ohne das man dies in Worte fassen könnte.

d) Urbild

Das Urbild von Tiphareth ist die Sonne, die auch als Planet der Sephirah Tiphareth zugeordnet ist. Das Herzchakra, das Tiphareth entspricht, kann man auch „Sonnenchakra" nennen.

Auf Traumreisen zur eigenen Mitte ist diese Mitte in den ca. 100 Traumreisen, die ich angeleitet habe, in ca. einem Drittel der Fälle als Sonne, goldene Kugel, goldener Ring, golden leuchtender Gegenstand u.ä. erlebt worden. Die Sonne ist offenbar das wichtigste Symbol der strahlenden Mitte.

Dies liegt ganz schlicht daran, daß die Sonne das optisch gesehen Auffälligste ist, was es in unserer Welt gibt – und daß sie zudem die Quelle fast des gesamten Lichtes ist, das erst das Sehen ermöglicht (und 80% der Psyche besteht aus optischen Wahrnehmungen).

Die Farbe „Golden" tritt in Traumreisen nach Tiphareth und in Visionen von Tiphareth auffällig häufig auf. Dies entspricht der Farbe „gelb" dieser Sephirah.

e) Vergleich

Für diese Sephirah gilt eigentlich dasselbe wie für den Graben, da der Graben zu dieser Sephirah führt. Es hat lediglich den Anschein, als ob die typischen Visionen am Graben vor allem bei LSD auftreten würden und als ob die anderen Drogen wie

Mescalin, Ayahuasca, Psilocybin usw. eher die farbigen, von innen her leuchtenden und meist statischen Stand-Bilder mit tiefer, den Betrachter ergreifender Bedeutung, die für Tiphareth typisch sind, erschaffen würden.

Für das Verhältnis zwischen Drogen und Meditationen/Ritual siehe den Vergleich in dem vorigen Kapitel über den Graben.

B Geburah
(Sephirah 5)

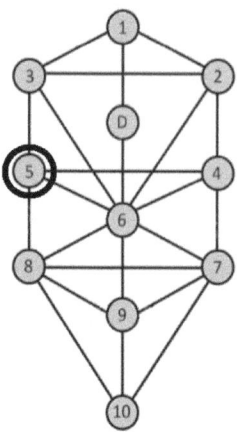

Geburah ist die Sphäre des Planeten Mars. Hier wirken große Kräfte und hier werden Dinge verwandelt und entschieden. In Bezug auf den Menschen ist dies der Bereich, in dem aus den Mitbringseln aus den früheren Leben die nächste Inkarnation zusammengestellt wird. Diese „Erbstücke", die meistens als „Karma" bezeichnet werden, scheinen vor allem Fähigkeiten, Freundschaften und Traumata zu sein.

a) Meditation, Traumreisen u.ä.

Dieser Bereich ist wie Hod (Denken) und Netzach (Fühlen) ein Begleiter der mittleren Sephirah – bei Hod und Netzach ist dieser Bezugspunkt Yesod, bei Geburah ist dies Tiphareth.

Die einfachste Grundlage für das Kennenlernen dieses Bereiches ist eine **Traumreise nach Geburah**.

Meditationen über das **Halschakra** können für das Kennenlernen dieses Bereiches förderlich sein, weil dieses Chakra Geburah entspricht. Auf die Selbstfindung im eigenen Herzchakra in Tiphareth folgt nun hier der hemmungslose Selbstausdruck im eigenen Halschakra in Geburah. Somit gehören auch alle Arten der Heilung des Halschakras zu dieser Sephirah.

Eine weitere Möglichkeit sind **Mars-Rituale**, **Mars-Anrufungen**, **Traumreisen zum Mars** u.ä., da der Mars der Planet ist, der mit der Sephirah Geburah eng verwandt ist.

b) Drogen

Es unklar, ob es Drogen gibt, die speziell nach Geburah führen.

c) Wahrnehmung

Die Wahrnehmung in Geburah ist ähnlich wie in Tiphareth: einfache, von innen her leuchtende Bilder – allerdings findet sich hier deutlich mehr Dynamik und Verwandlung.

Die Farbe „Rot", die auch traditionell dieser Sephirah zugeordnet ist, scheint auch in den Erlebnissen in Geburah eine wichtige Rolle zu spielen: ein rötlicher Planet (Mars?), Feuer, Rost, rötliches Gestein, ein roter Drache u.ä. Viele Menschen erleben diesen Bereich, wenn er personifiziert erscheint, als rote Gestalt, als rotes Licht, als den rotleuchtenden Erzengel Samael, der zu dieser Sephirah gehört, u.ä.

d) Urbild

Das Urbild von Geburah ist vermutlich der Krieger – meist mit einem Schwert. Die Kraft dieser Sephirah wird jedoch oft auch durch einen Drachen ausgedrückt. Schließlich ist noch der „Ort des Karmas" ein Symbol für diese Sephirah – eine Variante davon ist das christliche Motiv des Fegefeuers.

e) Vergleich

Wie schon bei den beiden Sephiroth Hod (Denken) und Netzach (Fühlen) scheint es auch bei Geburah kaum spezielle Meditationen, Rituale und Drogen zu geben.

C Chesed
(Sephirah 4)

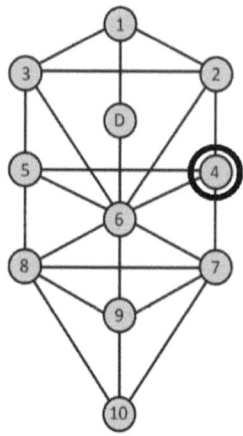

Chesed ist die Jupiter-Sphäre. Sie ist neben Geburah die zweite „Hilfs-Sephirah" im Bereich der Seelen. Sie stellt die Lenkung, die Organisation, den Überblick, die Sinngebung und ähnliches dar.

a) Meditation, Traumreisen u.ä.

Die **Traumreise nach Chesed** führt oft zu einem Versammlungsort, der eine Halle, ein Amphitheater, ein Steinkreis u.ä. sein kann. Das, was man dort findet, wenn man nach Chesed reist, um sich selber besser verstehen zu können, ist der Kreis der eigenen früheren Inkarnationen. Oft steht man dann in der Mitte von ihnen und sie senden Lichtstrahlen zu einem selber.

Von diesem Erlebnis gibt es viele Varianten – dieses Erlebnis kann von den Bildern her sehr verschieden aussehen, aber es ist so gut wie immer eine Versammlung in einem Kreis.

In Chesed kann man die eigene Wahrnehmung auf alle beliebigen Dinge ausweiten. Dies wird dann als „Reinkarnations-Bibliothek", als **„Akasha-Chronik"**, als „Buch des Schicksals" und ähnliche Bilder der „Allwissenheit" (wie dieser Zustand im Buddhismus genannt wird) erlebt.

Das Spezielle an diesem Zustand ist, daß man alle Dinge so akzeptiert, wie sie sind. Nur unter dieser Voraussetzung ist möglich, auch alle Dinge sehen zu können – es darf kein Ignorieren der Wirklichkeit mehr geben, denn sonst würde man durch dieses Ignorieren manche Dinge vor sich selber verbergen. Diese umfassende Möglichkeit, alle Dinge sehen zu können, führt dazu, daß Chesed die Qualität der **„Durchsichtigkeit"** hat.

Dieser Sephirah entspricht das Chakra des **Dritten Auges**. Dieses Chakra stellt die Verwirklichung des eigenen Wesens in der Welt dar.

b) Drogen

Die Kombination von **Cannabis und Meditation** führt bei manchen Menschen dazu, daß sie Kontakt mit dieser Sephirah erhalten. Es scheint wahrscheinlicher zu sein, daß diese Kombination nach Chesed führt als nach Tiphareth oder Geburah – aber um das sicherer sagen zu können, wären deutlich mehr Erfahrungsberichte notwendig als die, die mir bisher erzählt worden sind.

Ob die LSA-haltige **Hawaiianische Holzrose** nicht nur nach Hod (Denken), sondern auch nach Chesed führt, ist nicht ganz klar. Um diese Frage zu entscheiden, müßte man überprüfen, ob sich die Klarheit, die durch diese Droge erlangt werden kann, nur auf die eigene Psyche (Yesod) oder auch auf die eigene Seele (Tiphareth) erstreckt, also ob man sich durch diese Droge z.B. auch an frühere Leben erinnern kann (wobei man die Richtigkeit dieser Erinnerungen idealerweise noch nachprüfen müßte).

c) Wahrnehmung

Die Wahrnehmung in Chesed ist grundlegend dieselbe wie in Tiphareth, nur das hier mehr Strukturen und Details vorhanden sind – also farbige, detailreiche und strukturierte stehende Bilder, die von innen her leuchten.

Die Farbe „Blau", die auch in der Kabbala Chesed zugeordnet ist, taucht in den Chesed-Bildern auffällig häufig auf und manchmal auch die Durchsichtigkeit.

Ein Aspekt der Wahrnehmung in diesem Bereich ist die Möglichkeit, alle beliebigen Informationen zu erlangen, also die „Allwissenheit".

d) Urbild

Das Urbild ist am ehesten die Versammlung der früheren Inkarnationen in einem Kreis, die zum einen manchmal in einem Steinkreis stattfindet und zum anderen auch dem Steinkreis als einem Symbol der Ahnen entspricht.

Chesed kann auch personifiziert als Blaues Licht, manchmal auch als Blaues Tor oder ähnliches erscheinen.

e) Vergleich

Das Grunderlebnis von Chesed ist sehr markant: die „Akasha-Chronik", das „Buch der Erinnerungen", der „Kreis der eigenen früheren Inkarnationen" und wie man es sonst noch sehen und nennen könnte. Dabei ist die Sichtbarkeit, Durchsichtigkeit und Klarheit aller Dinge ein sehr prägnantes Merkmal – in diesem Bereich gibt es nichts, was man nicht sehen könnte.

Man kann durch Traumreisen in diesen Bereich gelangen und evtl. auch durch die Hawaiianische Holzrose.

Naturgemäß ist dies jedoch ein Bereich, der schwer zu erforschen ist, da alles, was man dort wahrnimmt, in der Regel nicht so einfach auf seine Richtigkeit hin überprüft werden kann.

3. Übergang: Abgrund
(zwischen Seele und Gottheiten)

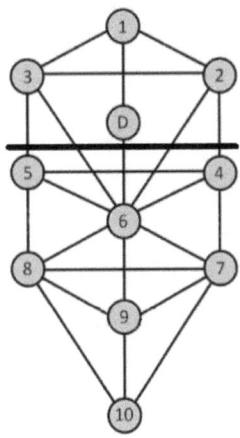

Dies ist eine der markantesten Stellen auf dem Weltenbaum. Sie heißt nicht nur „Abgrund", sondern wird auch oft als Abgrund erlebt, in den man springen muß, oder auch als ein Waldweg, der sich auf einmal in die Dunkelheit zwischen den Sternen auflöst, woraufhin man mitten im Weltall schwebt …

Dieses Erlebnis ist der bildhafte Ausdruck dafür, daß hier alle Abgrenzungen aufgelöst werden und sich das Individuum nur noch durch seine Qualität definiert und nicht mehr durch seine Grenzen.

Der Abgrund ist das „Tor zu den Göttern" – man muß die eigene Form loslassen, um zu Göttern gelangen zu können. Die Durchsichtigkeit von Chesed ist die Vorstufe zu dieser Grenzauflösung – erst sieht man alles, dann kann man die Abgrenzung zu allem auflösen.

Man kann diesen Übergang am einfachsten durch eine Entsprechung aus der Physik zu diesem Übergang beschrieben: Energiequanten wie Gravitonen, Photonen und Gluonen haben keinen harten Rand, d.h. sie können sich beliebig überlagern – Lichtstrahlen stoßen nicht aneinander. Elementarteilchen wie Quarks, Protonen, Neutronen, Elektronen und Neutrinos haben hingegen eine harte „Schale" und können zusammenstoßen – im Gegensatz zu Energiequanten können zwei Elementarteilchen nicht gleichzeitig an demselben Ort sein.

Die Elementarteilchen entsprechen dem Bereich der Seelen (Tiphareth, Geburah, Chesed); die Energiequanten entsprechen dem Bereich der Götter (Da'ath, Binah, Chokmah); und die berühmte Einstein'sche Formel „$E = m \cdot c^2$", die die Verwandlung von Materie in Energie und umgekehrt beschreibt, entspricht dem Übergang zwischen beiden Bereichen, also dem Graben.

131

a) Meditation, Traumreisen u.ä.

Zunächst einmal kann man eine **Traumreise zu dem Abgrund** unternehmen und dadurch einen ersten Geschmack von der Abgrenzungslosigkeit erhalten.

Mandala-Meditation können dabei helfen, sich allmählich an den abgrenzungslosen Zustand heranzutasten. Wenn man z.B. das einfache Mandala nimmt, daß aus den vier Elementen in den vier Himmelsrichtungen und der Quintessenz (Licht) in der Mitte besteht (wie beim „Kleinen Pentagramm-Ritual"), kann man über die Verwandlungen eines jeden dieser Elemente in jedes andere meditieren. Dadurch löst sich allmählich die Abgrenzung zwischen diesen Elementen auf und man erlebt schließlich das Kontinuum.[5]

In manchen **Mysterien** wird die Verbindung zu einer Gottheit, also zu dem Bereich oberhalb von Da'ath hergestellt. Diese Rituale führen den Einzuweihenden notwendigerweise auch zu dem Abgrund, in den er dann springen muß.

b) Drogen

Bis in zu dem Graben und in den Bereich oberhalb von ihm führt am ehesten der **Azteken-Salbei**, der auch Wahrsage-Salbei oder Zauber-Salbei genannt wird (Salvia divinorum). Auch die Traumreisen zu dem Salbei-Elf Pflanze können zu dem Erlebnis des Grabens, von Da'ath, Binah, Chokmah und Kether (siehe die Salbei-Traumreise in einem späteren Kapitel).

Generell haben die Traumreisen zu den Drogen-Pflanzen ähnliche Wirkungen und führen zu ähnlichen Erlebnissen wie die Einnahme der betreffenden Pflanze. Für die Vorsichtigeren unter den Forschern besteht somit die Möglichkeit, eine Droge zunächst einmal durch eine Traumreise kennenzulernen bevor sie man sie in materieller Form einnimmt.

c) Wahrnehmung

Die weitaus markanteste Wahrnehmung am Graben ist die Auflösung aller festen Formen. Dies kann als das Schweben im Weltall erlebt werden, als die ständige Verwandlung aller Formen oder eben auch als der klassische Sprung in den bodenlosen Abgrund.

---

5   Siehe bei Bedarf mein Buch „Mandalas für Anfänger".

d) Urbild

Das Urbild dieses Überganges ist der Abgrund. In den meisten Mandalas entspricht der Abgrund den vier Toren, die von den vier Richtungen aus nach innen in den vorletzten Bereich des Mandalas führen. Dieser zweitinnerste Bereich ist der Platz, in dessen Mitte sich der innerste Bereich mit dem Tempel der Gottheit dieses Mandalas befindet. In diesem von außen her gesehen vorletzten Bereich vereinen sich die vier Wege zu einem einzigen, ungegliederten Platz, der den Tempel im Zentrum umgibt.

e) Vergleich

Das Erreichen des Abgrundes durch Meditationen und Rituale ist durchaus möglich – aber entweder dauert es tendenziell lange oder man erreicht dieses Zustand spontan und ist dann meistens völlig überfordert.

Der sanfteste Zugang sind vermutlich Traumreisen zu diesem Abgrund – oder zu der Pflanze Salbei, was allerdings eine etwas indirekte Methode wäre.

Es ist auch die Droge Salvia divinatorum, die zu dem Abgrund führen kann, also zu der Wahrnehmung der Grenze zwischen dem Bereich, in dem es feste Formen gibt, und dem Bereich, in dem alles abgrenzungslos und grenzenlos ist.

Wahrscheinlich ist es hier kaum noch möglich Empfehlungen auszusprechen, da der Zugang zu den vier „grenzenlosen Qualitäten", die von Buddha beschrieben werden, ziemlich individuell sein wird. Möglicherweise ist es für die meisten Menschen weise, nicht zu versuchen, gleich mit Haut und Haaren in diesen Zustand zu springen, sondern sich ihm allmählich anzunähern. Insofern wäre hier am Anfang eine Traumreise nach Da'ath recht hilfreich – einfach, damit man eine Idee von dem bekommt, was einen dort erwartet.

4. Bereich: Gottheiten
(Sephiroth 2, 3, D)

Dies ist der abgrenzungslose Bereich der Gottheiten – das Kontinuum.

A Da'ath
(Sephirah ohne Nummer: „D")

In Da'ath verläßt man den Bereich der abgegrenzten Formen. In der Physik wäre das das Erreichen des Bereiches der Energiequanten, also der Gravitation, der Lichtes (elektromagnetische Kraft) und der starken Wechselwirkung in den Atomkernen („Farbkraft").

Energien überlagern sich ohne aneinander „anzustoßen" wie Wellen auf der Oberfläche eines Sees.

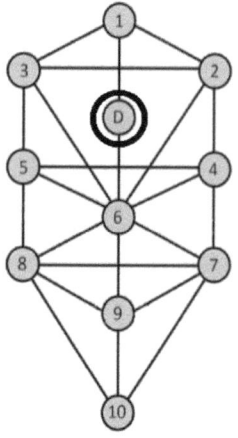

a) Meditation, Traumreisen u.ä.

Das auffälligste Merkmal bei einer **Traumreise nach Da'ath** ist das Ankommen in dem abgrenzungslosen Bereich. Dabei verwandelt sich der Sprung in den bodenlosen Abgrund des vorigen Schrittes auf dem Lebensbaum in ein Schweben in einem Kontinuum. Zudem erlebt man hier eine unspektakuläre Form der Fülle – es ist alles da.

Die Individualität hört hier auf, durch Grenzen zum Nicht-Ich definiert zu sein, sondern ist durch die eigene Qualität definiert. Man erlebt sich als ein Muster, daß sich aus dem Verweben von Fäden bildet, die endlos sind – sozusagen ein Muster an einer bestimmten Stelle eines Wandteppichs, der aus endlosen Fäden gewebt ist.

Die Traumreise zu der eigenen **Schutzgottheit** und später das Gespräch mit ihr und die Identifizierung mit ihr ist ein zentrales Element in Da'ath. Die eigene Schutzgottheit ist sozusagen das „Meer", von dem die eigene Seele ein „Tropfen" ist.

Da'ath ist der Bereich der **Gottheiten** – auch sie haben eine klare Qualität, aber keine Grenzen. Daher können z.B 1000 Menschen gleichzeitig innerlich mit Shiva sprechen, Christus um Hilfe bitten oder Großmutter Erde in eine Schwitzhütte einladen.

Diese Abgrenzungslosigkeit entspricht Buddhas **vier grenzenlose Qualitäten**: grenzenlose Gelassenheit, grenzenloses Mitgefühl, grenzenlose Liebe und grenzenlose Freude.

Da'ath entspricht dem **Scheitelchakra**, das für den Kontakt zu den Göttern zuständig ist. Die erwachte und **aufgestiegene Kundalini** fließt bis ins Scheitelchakra und darüber hinauf.

Während in Yesod das Erdfeuer in das Wurzelchakra empor geholt wird, um die Kundalini zu erwecken, wird in Da'ath das Sonnenlicht herabgerufen, um das Scheitelchakra zu aktivieren. Dieser Vorgang wird in den indischen Upanishaden **„die Himmelskuh melken"** genannt.

b) Drogen

Die Kombination von **Cannabis und Gift-Lattich** kann dazu führen, daß man diesen Zustand der Grenzenlosigkeit von Da'ath erlebt.

Auch **Salvia divinatorum** hat diese Wirkung – sowohl als Droge eingenommen als auch bei einer Traumreise zum Salbei. Bei der Salbei-Traumreise wird man wahrscheinlich am Graben beginnen, sodaß der erste Schritt in die Welt des Salbei der Sprung ins „Nichts" ist.

c) Wahrnehmung

Ein häufiges Bild auf Traumreisen nach Da'ath und auch bei Drogen, die in diesen Bereich führen, ist das Schweben im Weltall, bei dem man manchmal auch die Erde von weit oben her sehen kann.

Wenn man selber in diesen Bereich gelangt, also nicht nur einen Yesod-Kontakt zu ihm hat (Traumreise), sondern ihn auch von Da'ath aus erlebt (d.h. in der Abgrenzungslosigkeit ist), nimmt man Konturen in einem alles erfüllenden Licht wahr.

Das häufigste Bild ist jedoch, wie gesagt, das Schweben im Weltall.

d) Urbild

Das Urbild von Da'ath ist die Dunkelheit zwischen den Sternen. Des weiteren sind die ganzen Götter und Göttinnen die Bewohner dieses Bereiches. Wenn man in dem Nachthimmel-Bild bleiben will, würden die Gottheiten den Sternen entsprechen.

e) Vergleich

Es scheint keinen Unterschied zwischen der Da'ath-Traumreise und der Wirkung von Da'ath-Drogen zu geben – beides führt zu dem Erlebnis des abgrenzungslosen „ozeanischen" Gefühls.

B Binah
(Sephirah 3)

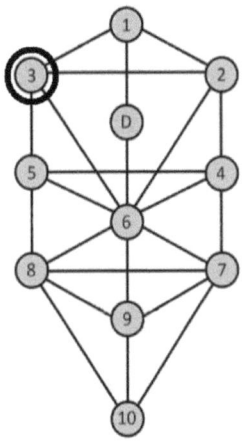

Binah ist der Bereich der Zusammenhänge, der Verbundenheit, der Wechselwirkungen, der Naturgesetze, der spirtuell-magischen Prinzipien. Diese „Regeln" bilden sich durch das Aufeinandertreffen aller Bestandteile der Welt, bei dem sich die Qualitäten der Bestandteile kombinieren und zu bestimmten Ergebnissen führen. Da die Ergebnisse bei Zusammentreffen bestimmter Elemente immer gleich sind, gibt es Regelmäßigkeiten in der Welt.

Binah ist zum einen eine Begrenzung, weil im Zusammentreffen z.B. von einem Proton und einem Elektron die beiden Teilchen nicht mehr vollkommen selbstbestimmt sind, sondern sich aus ihren elektrischen Ladungen eine gegenseitige Anziehung ergibt. Zum anderen ist Binah aber auch die Begegnung, der Kontakt, das Erlebnis und vor allem auch das Selbsterleben im Kontakt, durch den z.B. das Proton und das Elektron zu einem Wasserstoff-Atom werden.

Binah ist daher gleichzeitig eine Grenze und ein Halt, eine Einschränkung und eine Bereicherung – und das Selbsterleben im Kontakt mit der Welt.

a) Meditation, Traumreisen u.ä.

Auf der **Traumreise nach Binah** erlebt man eine Gemeinschaft, deren fester Bestandteil man ist. Dort erlebt man Zugehörigkeit, Verwandtschaft, Gemeinschaft, Geborgenheit …

Das Ritual, das zu diesem Erlebnis führen kann, ist die **Schwitzhütten-Zeremonie** – das vermutlich älteste Ritual der Menschen.

Generell können alle Rituale der **Großen Mutter**, egal wie man sie auch nennen mag, zu diesem Erlebnis des Urvertrauens führen.

In Yesod findet man die Erinnerungen an die eigene Mutter und evtl. die ersten Erlebnisse von Geborgenheit in einer Familie, Sippe o.ä. – in Binah findet man das Erlebnis der Muttergöttin und die Geborgenheit in der Welt als Ganzes.

b) Drogen

Der **Salbei**, der auf Traumreisen nach Binah führt, ist auch die Droge, die ein Weg nach Binah sein kann (Salvia divinatorum). Salvia führt zu dem Abgrund auf dem Lebensbaum und dann weiter zu dem gesamten Bereich oberhalb von ihm (Da'ath, Binah, Chokmah und Kether). Der Salbei ist somit eine der wichtigsten Drogen.

Der Zustand von Binah kann auch durch **Ecstasy** erreicht werden – mir ist von einem Freund, der beides ausprobiert hat, also die Traumreise nach Binah und das Einnehmen von Ecstasy, gesagt worden, daß beide Erlebnisse genau dieselbe Qualität haben.

Bei den Skythen war es üblich, in der Schwitzhütte **Hanf**-Samen zu räuchern, was vermutlich das Erlangen von Visionen erleichtert haben wird.

c) Wahrnehmung

Die Wahrnehmung ist in Binah dieselbe wie in Da'ath: Auf der einfachen Traumreise ist dies das Bild des Versammlungsortes, an dem man einander begrüßt und wo man sich geborgen fühlt; in Binah selber sind die Konturen in einem alles erfüllenden Licht.

d) Urbild

Das Urbild ist die Muttergöttin. Sie ist in allen Kulturen und Religionen (außer einigen monotheistischen Religionen) die zentrale Gestalt.

e) Vergleich

Traumreisen, Binah-Meditationen und Schwitzhütten-Zeremonien führen zu demselben Erlebnis wie Salvia und wie Ecstasy.

Die einzige mir bekannte Kombination beider Methoden ist das Räuchern von Hanf-Samen in der Schwitzhütte bei den Skythen.

C Chokmah
(Sephirah 2)

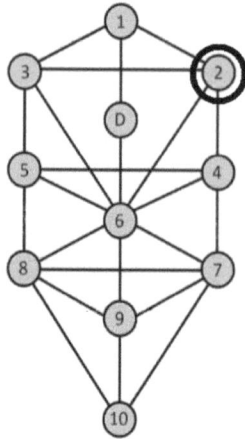

Chokmah ist der ungehinderte Selbstausdruck – man ist nur man selber und dehnt sich ungehindert aus. Daher ist Chokmah auch der Gründungsimpuls dessen, was in dem betreffenden Lebensbaum dargestellt wird.

In der Entstehung der Welt ist Chokmah das sogenannte inflationäre Weltall zwischen dem Urknall (der Übergang zwischen Kether und Chokmah) und den ersten Wechselwirkungen (Binah). In dieser Phase hat sich das Weltall für einen Sekundenbruchteil um das 10^{26}-fache ausgedehnt.

a) Meditation, Traumreisen u.ä.

Die einzige spirituell-magische Methode, um Chokmah zu erleben, ist die Einsgerichtetheit, die absolute Treue zu sich selber – die zum Ekstase-Zustand führt.

Mithilfe einer Traumreise nach Chokmah kann man Chokmah auf der inneren Bilder-Ebene erleben. Dieses Erlebnis ist ein Lichtsturm.

b) Drogen

Die einzige Droge, die möglicherweise diesem Erlebnis führen kann, ist wieder Salvia divinatorum. Auch die Traumreisen zum Salbei können nach Chokmah führen.

c) Wahrnehmung

Die Wahrnehmung von Chokmah ist der Lichtsturm, die Ekstase, die vollkommene Einsgerichtetheit auf das, was man in seiner Essenz ist.

d) Urbild

Das Urbild von Chokmah ist der Schöpfergott, der ekstatische Tänzer und der Lichtsturm.

e) Vergleich

Dieser Bereich ist so schlicht – die hemmungslose und ungehemmte Expansion – daß es hier keine verschiedenen Erlebnisse mehr zu geben scheint.

Ob es für einen selber einfacher ist, hierhin zu gelangen, indem man eine Traumreise macht, eine Ekstase-Methode benutzt oder Salvia divinatorum nimmt oder diese drei Methoden kombiniert, muß man wieder selber erforschen.

4. Übergang: Erste Ursache
(zwischen Gottheiten und Gott)

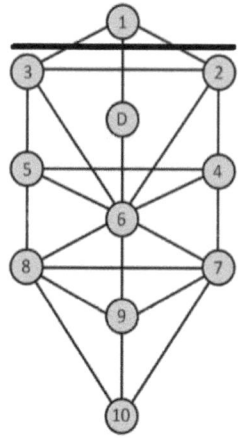

Dies ist der Übergang von der Möglichkeit zur Tat: die Erste Ursache, der Urknall und Gottes Schöpfungsimpuls.

a) Meditation, Traumreisen u.ä.

Diesen Ort auf dem Lebensbaum kann man auf einer Traumreise erleben.

b) Drogen

Möglicherweise kann Salvia divinatorum zu Erlebnissen an diesen Ort führen.

c) Wahrnehmung

Von Kether aus kann man hierher gelangen, indem man sich in Kether bewegt – das ruft eine Unregelmäßigkeit in dem einen gleißend-weißen Licht von Kether hervor, durch die man wie dann wie durch eine Tür in den Lichtsturm von Chokmah gerät.

Von Chokmah aus kann man hierher gelangen, indem man sich auf den Ursprung des Lichtsturms ausrichtet, wodurch man sich auf einmal in dem einen, alles umfassenden weißen Licht von Kether wiederfindet.

d) Urbild

Die beiden Urbilder sind die Schöpfung der Welt und der Urknall – was dasselbe Element im religiösen und im physikalischen Weltbild ist.

e) Vergleich

Da es bisher keine (mir bekannten) Drogen-Erfahrungen gibt, die diese Qualität bzw. diesen Ort beschreiben, gibt es auch nichts zu vergleichen.

5. Bereich: Gott
(Sephirah 1)

A Kether
(Sephirah 1)

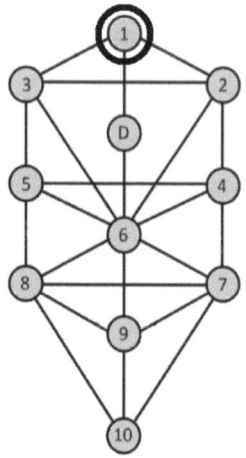

Kether ist der Anfang, der Ursprung, die Einheit, Gott, das Bewußtsein, das Nirvana, das Tao …

a) Meditation, Traumreisen u.ä.

Es gibt mehrere Methoden, um zu Kether-Erlebnissen zu gelangen: die **Traumreise**, die **innere Stille** und die vollkommene **Hingabe an den Einen Gott**.

Vermutlich ist es auch hier am einfachsten, zunächst einmal eine Traumreise zu unternehmen, um einen ersten Eindruck von diesem Bereich zu erlangen.

b) Drogen

Das Verwenden von Salvia divinorum kann bis nach Kether führen – so wie auch eine Traumreise zum Salbei vom Graben aus über Da'ath, Binah und Chokmah nach Kether führen kann.

c) Wahrnehmung

Kether wird entweder als vollkommen unstrukturiertes, gleißend-weißes Licht erlebt oder als eine ebenso unstrukturierte, glänzende Schwärze. Beides sind nur zwei verschiedene optische Darstellungen desselben Zustandes. In dem Erleben dieses Zustandes ist man kein außenstehender Beobachter mehr, sondern man ist dieses Licht oder diese Schwärze.

d) Urbild

Das Urbild ist der Eine Gott oder die Welt vor dem Urknall. Auch das buddhistische Nirvana und das chinesische Tao kann man als Beschreibungen von Kether auffassen.

e) Vergleich

Da es bisher an sicheren Drogen-Erlebnissen fehlt, die diesen Zustand beschreiben, läßt sich hier (noch?) nichts vergleichen.

VI Zusammenfassung

In dem vorigen Kapitel hat sich gezeigt, daß es zwar auch Drogen gibt, die zu einer der sechs Sephiroth auf der linken oder auf der rechten Seite gehören, daß jedoch die meisten Drogen zu den fünf Sephiroth auf der „Mittleren Säule" sowie zu den vier Übergängen auf dem Lebensbaum gehören.

Auch die Erlebnisse, die durch Meditationen und Rituale hervorgerufen werden, sind auf der Mittleren Säule am intensivsten, aber auch die Erlebnisse, die zu den sechs äußeren Sephiroth gehören, haben eine klare Kontur und sind wesentliche Elemente in der Gesamtheit der spirituell-magischen Erlebnis-Möglichkeiten. Der meditativ-magische Zugang scheint also differenzierter zu sein als der Zugang mithilfe von Drogen.

Diese Betonung der „Mittleren Säule" wird in der Zusammenfassung der wichtigsten Aspekte der elf Sephiroth und der vier Übergänge recht deutlich:

Malkuth: Körper
(Sephirah 10)

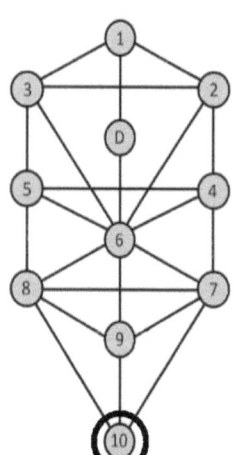

- Im Hier und Jetzt präsent sein.
- Unterscheidungskraft.
- Nüchternheit.
- Wahrnehmung der äußeren Welt.
- Keine Drogen.
- Der eigene Körper.

Übergang: Schwelle
(zwischen Körper und Psyche)

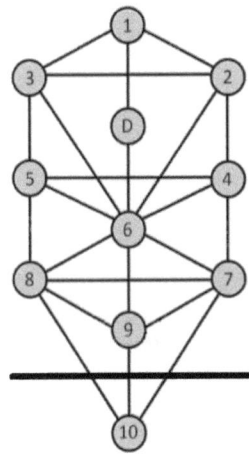

- Übergang zwischen dem Wachbewußtsein (Körper) und dem Unterbewußtsein (Psyche).
- Den Blick nach innen richten.
- Die Aufmerksamkeit auf die Lebenskraft richten:
    - Entspannungsübungen
    - Autogenes Training
    - Tiefenentspannung
    - Buchstabenübungen
- Wahrnehmung der Lebenskraft: unbewußte Telepathie
- Handlung mit der Lebenskraft: unbewußte Telekinese
- Traumreise nach Malkuth
- Magie:
    - Kristallkugel, magischer Spiegel, Hypnose
    - Omen, Vorahnungen, Wahrträume, Orakel, Tarotkarten, I Ging, astrologische Transite, Traumdeutungen
    - Energie-Vampirismus
    - Rituale
- Drogen: letztlich beginnen alle Drogen mit ihrer Wirkung an dieser Schwelle
    - Reduzierung von Hemmungen:
        - Alkohol
    - verstärkte Wahrnehmung des eigenen Inneren und der Lebenskraft:
        - Cannabis
    - reduzierte Wahrnehmung des eigenen Inneren und der Lebenskraft:
        - Beruhigungsmittel, Schlafmittel, Schmerzmittel, Betäubungsmittel, K.o.-Tropfen
        - Baldrian, Schlafmohn, Opium, Heroin, Kraton, Rispenblütriger Cealstus, Benzodiazepine, Bittersüßer Nachtschatten.
    - anregende Wirkung:
        - Kaffee, Kakao, Guaraná, Schwarztee, Grüntee, Kola, Koka, Kava, Kath, Meerträubel, Nikotin, Aufputschmitteln, Doping
Urbild: „Hüter der Schwelle"

Yesod: Psyche
(Sephirah 9)

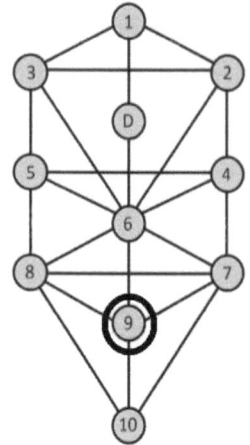

- Unterbewußtsein, Lebenskraft, Träume
- Traumreisen allgemein
- Traumreise nach Yesod
- Magie:
    - bewußte Telepathie und Telekinese
    - Lenkung der Lebenskraft:
    - Atemübungen, Mesmerismus
    - Runen-Übungen, Hatha-Yoga
    - Wurzelchakra, Kundalini, Astralreise
    - Imagination
    - Invokation, Evokation, Vision
- Meditation:
    - Imaginationen, Pranayama, Mantren
- Ritual:
    - Mond-Rituale, Göttin-Rituale, Wicca, Naturmagie, Schwitzhütten
- Drogen:
    - Wahrnehmung der Lebenskraft:
        - Cannabis
    - Intensivierung der Träume:
        - Luzide Träume
        - Beifuß, Mexikanisches Traumkraut, Aztekisches Traumkraut, Afrikanisches Traumkraut, Afrikanische Traumwurzel, Gelbrinden-Akazie, Ubhubhubhu, Uvuma Omhlope, Ikhathazo, Indische Seidenpflanze, Passionsblume
    - Intensivierung der inneren Bilder:
        - Wermut, Gift-Lattich, Alraune, die meisten Nachtschattengewächse
    - Verursachen von Astralreisen:
        - Hexensalben: Schwarzes Bilsenkraut, Ägyptisches Bilsenkraut, Schwarzer Nachtschatten, Stechapfel, Schwarze Tollkirsche, Krainer Tollkraut, Ololiuqui, Beach Moonflower, Gefleckter Schierling, Wasserschierling, Fliegenpilz, Eisenkraut, Mondraute, Einjähriges Bingelkraut, Donnerbart, Alraune, Frauenhaarfarn, Johanniskraut, Selleriesaft, Fingerkraut, Mutterkorn, Wolfswurz, Eisenhut, Schierling, Wermut. Alle diese Zutaten können in zu hoher

Dosierung tödlich sein!
        - Chloroform
- Wahrnehmung:
        - wie Träume, meist Grautöne, wenig Farbe, allgegenwärtiges diffuses
          Licht, manchmal unscharfe Bilder; manchmal Wahrnehmung der Lebens-
          kraft (Aura, milchigweißes Licht, „Schwingungen")
- Urbild: Lebenskraft, Astralkörper, Silberschnur, Kundalini, Muttergöttin, Schwitz-
  hütte, Höhle

Hod: Denken
(Sephirah 8)

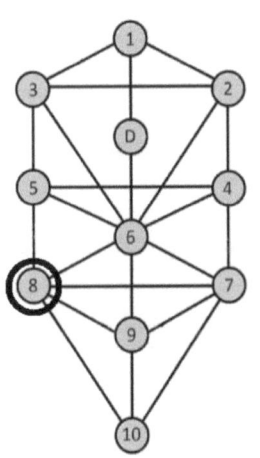

- Denken, Sprechen, Logik, Strukturen, Maße
- Meditation: Klares Denken
- Traumreise nach Hod
- Wecken des Hara-Chakras
- Merkur-Rituale
- Drogen:
        - Konzentration:
                - Grüntee, Schwarztee.
        - Klarheit:
                - Hawaiianische Holzrose, Galgant
- Wahrnehmung:
                - abstrakt oder wie im Traum
- Urbild:
        - Denken, Mathematik
        - die Götter Merkur, Hermes und Thot
        - Internet

<u>Netzach: Gefühle</u>
(Sephirah 7)

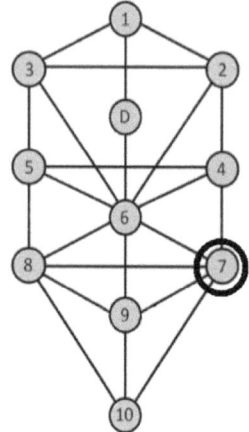

- Gefühle, Emotionen, Motivationen, Bewertungen
- Traumreise nach Netzach
- Wecken des Sonnengeflechts
- Venus-Rituale
- Drogen:
  - Enthemmen der Gefühle:
    - Alkohol, Betel
  - zusätzlich zur Enthemmung auch Kontaktbedürfnis:
    - MDMA (Ecstasy)
  - zusätzlich zur Enthemmung auch innere Bilder:
    - Sinicuichi
  - Dämpfung der Gefühle:
    - Antidepressiva
- Wahrnehmung: Emotionen meist zusammen mit inneren Bildern
- Urbild: Liebesgöttinnen

Übergang: Graben
(zwischen Psyche und Seele)

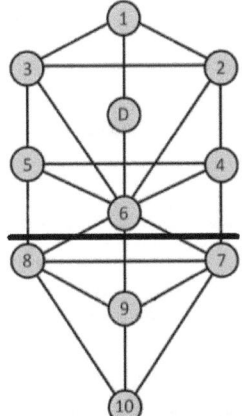

- Übergang zwischen Psyche und Seele
- Haltung:
    - Selbstfindung, Therapie, Begegnung mit dem eigenen Schatten
- Meditation:
    - Seelen-Mantra, Gedankenstille
- Ritual:
    - Einweihungen, Selbstopfer, Jenseitsreise, Mysterien, Rückzug in Einsamkeit, Hymne an sich selber
- Magie:
    - Traumreise zur eigenen Mitte, sich in Gebet an die eigene Seele entflammt
- Astrologie:
    - Horoskop
- Mythologie:
    - sterbender und wiedergeborener Gott, Korngott, Sonnengott, Tarot-Karte „Der Gehängte"
- Drogen: LSD (auch der Horrortrip: Begegnung mit dem Schatten)
- Wahrnehmung: schlichte, farbige, von innen her leuchtende, oft symbolische Bilder mit scharfen Konturen, die sich ständig verwandeln
- Urbild: Geburt und Tod, Jenseitsreise, Mysterien

Tiphareth: Seele
(Sephirah 6)

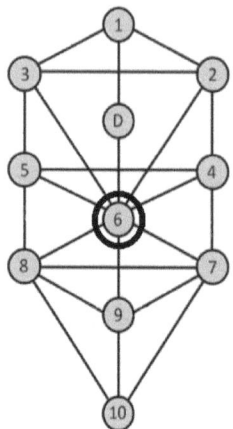

- die eigene Seele
- Traumreisen:
  - Traumreise zur eigenen Mitte, nach Tiphareth, zum Weltenbaum, ins Herzchakra, zur Sonne, zur „Sonnenstadt", zurück zu der Zeit direkt vor der eigenen Zeugung
- Meditation:
  - Herzmeditation, Rückführungen
- Rituale:
  - Einweihungen, Mysterien, Sonnen-Rituale
- Drogen:
  - LSD, Ayahuasca, Calumbi, Peyote, Echinopsis-Kakteen, Psilocybin, Rohrglanzgras, Steppenraute, DMT, Himmelblaue Prunkwinde
- Wahrnehmung:
  - farbige, von innen her leuchtende und sehr klare stehende Bilder oder Symbole mit einer großen berührenden Tiefe
- Urbild:
  - Seele, Sonne, Herzchakra, goldene Kugel

Geburah: Karma
(Sephirah 5)

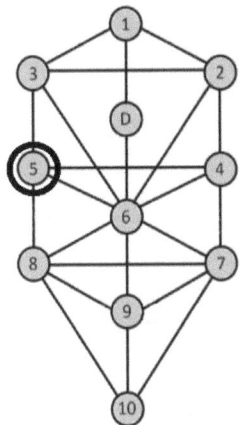

- Verarbeitung von Leben nach dem Tod und Vorbereitung von Leben vor der Geburt
- Traumreisen nach Geburah und zum Mars
- Meditation: Wecken des Halschakras
- Magie: Mars-Rituale
- Prinzip: Verwandlungen
- Drogen: keine speziellen Geburah-Drogen bekannt
- Urbild: Krieger, Schwert, Drache, Fegefeuer, Vulkan

Chesed: Akasha-Chronik
(Sephirah 4)

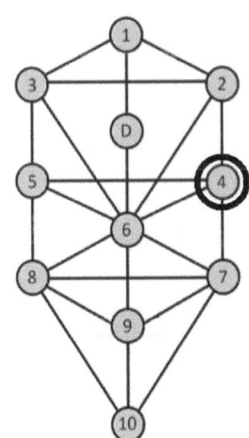

- Erinnerung an alle früheren Leben
- Planung der nächsten Inkarnation
- Meditation: Traumreise nach Chesed, Wecken des Dritten Auges
- Drogen:
    - Kombination von Cannabis mit Meditation
    - Hawaiianische Holzrose (vermutlich auch nur in Kombination mit der klaren Absicht, nach Chesed zu gelangen)
- Urbild: Steinkreis (Steine = Ahnen), Versammlung der eigenen früheren Inkarnationen in einem Kreis

Übergang: Abgrund
(zwischen Seele und Gottheiten)

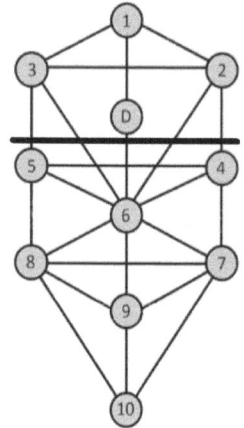

- Verwandlung zwischen Abgegrenztem (Materie, Seele) und
  Abgrenzungslosem (Energie, Gottheiten)
- Tor zu den Göttern, Himmelstor, Jenseitsbrücke
- Meditation:
    - Traumreise zum Abgrund, Mandala-Meditationen
- Ritual:
    - Mysterien
- Drogen:
    - Azteken-Salbei
- Wahrnehmung:
    - Konturen im Licht
- Urbild:
    - Abgrund, Himmelstor, Brücke ins Jenseits, Berggipfel

Da'ath: Gottheiten
(Sephirah ohne Nummer: „D")

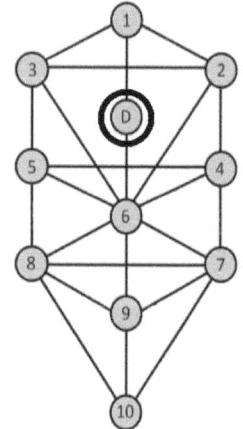

- abgrenzungsloser Bereich
- Götter
- Meditation:
    - Loslassen, Traumreise nach Da'ath
    - Erwecken des Scheitelchakras, aufgestiegene Kun-
      dalini
    - Begegnung mit der eigenen Schutzgottheit, von deren
      „Meer" die eigene Seele ein „Tropfen" ist
- Ritual:
    - das Licht (der Sonne, von Gott usw.) herabrufen
- Drogen:
    - Cannabis und Gift-Lattich kombiniert
    - Azteken-Salbei
- Wahrnehmung:
    - Konturen im Licht
- Urbild:
    - Götter, Weltall

Binah: Verbindungen
(Sephirah 3)

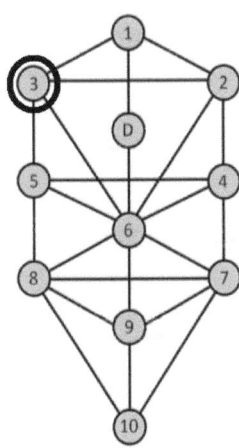

- grundlegende Zusammenhänge, Verbindungen, Wechselwir-
kungen, Strukturen, Naturgesetze, spirtuell-magische Prinzi-
pien
- Meditation:
	- Traumreise nach Binah
- Ritual:
	- Schwitzhütte, Anrufung der Großen Mutter
- Drogen:
	- Azteken-Salbei, Ecstasy
- Wahrnehmung:
	- strukturierte Konturen im Licht
- Urbild:
	- Versammlung, Mythen, Gottheiten

Chokmah: Selbstausdruck
(Sephirah 2)

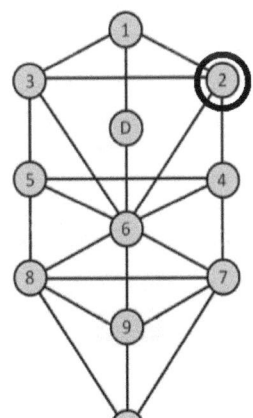

- hemmungsloser, ungehinderter Selbstausdruck
- Traumreise nach Chokmah
- Meditation: Einsgerichtetheit
- Drogen:
	- Azteken-Salbei
- Wahrnehmung:
	- Lichtsturm
- Urbild:
	- Schöpfergott, ekstatischer Tänzer, Lichtsturm

Übergang: Erste Ursache
(zwischen Gottheiten und Gott)

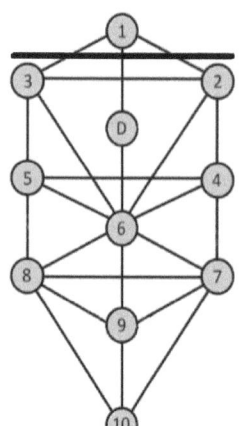

- die Erste Ursache, der Urknall, Gottes Schöpfungsimpuls
- Meditation:
    - Traumreise zur Ersten Ursache
- Drogen:
    - möglicherweise Azteken-Salbei
- Wahrnehmung:
    - das Tor zwischen der Einheit und dem Lichtsturm
- Urbild:
    - Erschaffung der Welt, Urknall

Kether
(Sephirah 1)

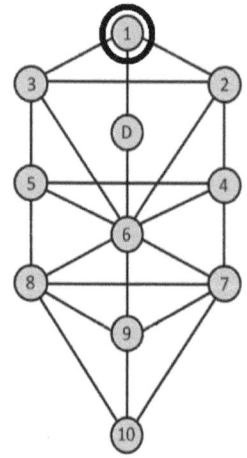

- Anfang, Ursprung, Einheit, Gott, Bewußtsein, Nirvana, Tao
- Meditation:
    - Traumreise nach Kether, innere Stille, Hingabe an
      den Einen Gott.
- Drogen:
    - Azteken-Salbei
- Wahrnehmung:
    - vollkommen unstrukturiertes, gleißend-weißes
      Licht; vollkommen unstrukturierte glänzende
      Schwärze
- Urbild:
    - Gott, Welt vor dem Urknall, Nirvana, Tao

Lebensbaum: Die wichtigsten Meditationen und Drogen

Kether
a) Traumreise, innere Stille, Hingabe an den Einen Gott
b) Azteken-Salbei

Erste Ursache

a) Traumreise   b) evtl. Azteken-Salbei

Binah	**Chokmah**
a) Schwitzhütte, Traumreise	a) Einsgerichtetheit
b) Azteken-Salbei, Ecstasy	b) Azteken-Salbei

Da'ath
a) Loslassen, Hingabe an die eigene Schutzgottheit, Traumreise
b) Azteken-Salbei, Cannabis zusammen mit Gift-Lattich

Abgrund

a) Sprung in den Abgrund, Mandala-Meditationen/Rituale   b) Azteken-Salbei

Geburah	**Chesed**
a) Mars, Halschakra, Verwandlungen, Karma b) -	a) Akahsa-Chronik, Durchsichtigkeit, Drittes Auge b) Hawaiianische Holzrose

Tiphareth
a) Traumreise zur eigenen Mitte, Herzmeditation   b) LSD, Ayahuasca, Calumbi, Peyote, Echinopsis-Kakteen, Psilocybin, Rohrglanzgras, Steppenraute, DMT, Himmelblaue Prunkwinde

Graben

a) Gedankenstille, Einweihungen, Jenseitsreise, Begegnung mit dem Schatten usw.   b) LSD

Hod	**Netzach**
a) Klarheit, Merkur, Hara b) Schwarztee, Grüntee, Hawaiianische Holzrose	a) Fühlen, Aphrodite, Sonnengeflecht b) Alkohol, Betel, Ecstasy, Sinicuichi

Yesod
a) Telepathie, Telekinese, Traumreisen, Invokationen, Wurzelchakra, Kundalini, Astralreise und vieles mehr
b) Cannabis, Traumkräuter, Hexensalben u.a.

Schwelle

a) Aufmerksamkeit nach innen richten   b) fast alleDrogen

Malkuth
a) Nüchternheit, Unterscheidungskraft
b) keine Drogen

VII Die Kombination von Drogen und Meditation

Sowohl bei der Benutzung von Drogen als auch beim Meditieren oder bei der Verwendung von Ritualen ist die zentrale Frage die der Motivation: Warum mache ich das?

Man kann Dinge einfach aus Neugier ausprobieren, man kann vorübergehend die Welt oder das eigene Leid vergessen wollen, man braucht den Kick des Neuen, man will seine eigene Situation verbessern und sich heilen usw.

Hauptsächlich dann, wenn man das eigene Leben (psychisch oder physisch) verbessern will, stellt sich die Frage, welches Vorgehen am effektivsten ist. Bei der Antwort auf diese Frage gibt es vor allem zwei Vorgehensweisen: erstens das Studium früherer und heutiger Methoden und zweitens das eigene Experiment. Als drittes kommt noch hinzu, daß es sinnvoll ist, den eigenen Stil möglichst klar zu erfassen und ihm treu zu bleiben.

Drogen ermöglichen ein schnelles Erleben von neuen Zuständen, aber haben auch die Nachteile, daß sie teilweise illegal sind, teilweise schädlich für den Körper sind und die Einnahme von einigen Drogen ein hohes Risiko (Tod durch falsche Dosierung) birgt.

Weiterhin ist es in den meisten Fällen notwendig bzw. förderlich, die Erlebnisse zu erinnern, sie zu durchdenken und zu durchfühlen, sie zu integrieren und evtl. Schlußfolgerungen für das eigene Verhalten aus ihnen zu ziehen – zumindestens dann, wenn man die Drogen zur eigenen Heilung und Weiterentwicklung verwenden will.

Eine sofortige Heilwirkung findet sich eher selten – z.B. bei Antidepressiva, Schmerzmitteln u.ä., obwohl hier durch die Drogen hauptsächlich die Symptome „ausgeschlatet" werden.

Meditationen haben den Vorteil – abgesehen davon, daß sie legal und nicht gesundheitsschädlich sind – daß man das, was man erlebt, in aller Regel erinnern und somit auch integrieren kann.

Als Nachteil könnte man sehen, daß Meditationen meistens langsam in der Wirkung sind – doch auch davon gibt es Ausnahmen. Manchmal haben sie auch eine sehr schnelle Wirkung und man erlebt z.B. seine Handchakren oder bekommt von einem Yogi bei einer gemeinsamen Meditation die Fähigkeit, innerlich vollkommen still zu werden, geschenkt.

Hin und wieder – vor allem, wenn man „Freistil-Meditationen" betreibt – kann es auch passieren, daß man Dinge erlebt, die man erst einmal nicht verdauen kann wie z.b. das Erlebnis der Abgrenzungslosigkeit.

In der Magie ist es ähnlich wie in der Meditation: Oft braucht man Übung, um ein Ergebnis, einen Zustand oder eine Veränderung in sich selber zu erreichen, aber manchmal geschehen auch sehr schnell sehr heftige Dinge wie z.B. eine erfolgreiche Geister-Beschwörung oder ein Ritual, bei dem man in Trance gerät ohne jemals zuvor auch nur von der Existenz eines solchen Zustandes gehört zu haben.

Das Element der Ungewißheit des Ergebnisse besteht also bei allen drei Ansätzen (Drogen, Meditaiton, Magie), wobei es bei den Drogen am größten ist.

Ebenso spielt das Erwerben von Sachkenntnis in allen drei Bereichen eine größere Rolle, wenn man eine größere Effektivität anstreben sollte.

Die Intensität der Erlebnisse läßt sich nur schwierig vergleichen. Sehr wahrscheinlich ist sie bei Drogen-Erlebnissen zunächst am größten, aber zwischen Drogen-Erlebnissen und den Erfahrungen eines geübten Meditierenden oder der Wirung eines effektiven Einweihungsrituals scheint kein großer Intensitätsunterschied zu bestehen.

Ein interessanter Unterschied ist noch, daß man bei ausreichender Übung mithilfe von Meditationen, Traumreisen und zum Teil auch durch Rituale zum einen schnell in einen erwünschten Zustand gelangen kann und vor allem auch dauerhaft einen Zustand erreichen kann, der zumindestens nah an dem erwünschten Zustand ist. Das ist mithilfe von Drogen nur möglich, wenn man sie ständig und evtl. in immer höherer Dosis nimmt.

Es gibt in vielen religiösen, spirituellen und magischen Traditionen die Verwendung von Drogen im Kult, die in diesem Zusammenhang dann „Entheogene" genannt werden.

Wenn es keine effektive Kombination von Ritual, Meditation und Drogen gäbe, würde diese Kombination nicht in so vielen Traditionen auftreten.

Natürlich haben die Menschen seit jeher die Neigung gehabt, nach Abkürzungen und Vereinfachungen zu suchen – aber wenn sie funktionieren und keine unerwünschten Nebenwirkungen haben und auch nicht zu einem geringeren Erfolg führen, spricht ja nichts gegen derartige Vereinfachungen des Weges zu dem ausgewählten Ziel.

Die Kombination von Drogen und Ritual bzw. Drogen und Meditation hat in den Traditionen, in denen es eine dieser beiden Kombinationen gibt, in alle Regel ein bestimmtes, ganz konkretes Ziel. Dies kann die Wahrnehmung der Lebenskraft, der Kontakt mit der eigenen Seele oder der Kontakt zu den Göttern sein – was den drei mittleren Bereichen auf dem Lebensbaum entspricht.

Zunächst einmal kann man sagen, daß die Menschen verschiedene Neigungen haben, wie sie ein Ziel erreichen wollen: alleine oder in Gemeinschaft oder unter Anleitung eines Lehrers; mit oder ohne Drogen; mit oder ohne Ritual; mit oder ohne Meditation; mit oder ohne Psychotherapie; nur in der Tradition der eigenen Kultur oder auch in der Tradition anderer Kulturen … Es ist sinnvoll, sich diese Fragen einmal gründlich zu stellen.

Es gibt noch einen Aspekt bei den traditionellen Methoden, in denen Drogen verwendet werden. Wer schon einmal an einer Familienaufstellung teilgenommen hat, wird das „Kraftfeld" gespürt haben, das durch die Teilnehmer intuitiv aufgebaut wird, wenn sie damit beginnen, Personen darzustellen – genau genommen zeigt sich dieses „Kraftfeld" dadurch, daß die Teilnehmer bereit sind, sich auf dieses „Kraftfeld" einzulassen.

Etwas ganz ähnliches findet sich überall in Traditionen und am stärksten in magischen und religiösen Traditionen. Wenn man an einem alten Ritual teilnimmt, fühlt sich das so an, als ob man in einen Fluß steigen würde, der selber weiß, wohin er fließen will. Diesen Effekt kann man sich auch zunutze machen, wenn man Drogen nimmt: Ein traditioneller Rahmen lenkt die Wirkung der Drogen in die Richtung, die in dieser Tradition üblich ist und angestrebt wird. Das kann dem Erlebnis Halt und Effektivität geben.

Diese Überlegungen sprechen natürlich nicht grundsätzlich gegen das mutig-unbekümmerte Freistil-Experiment, aber es ist ein Aspekt, den man – wenn man will – sich zunutze machen kann.

Wenn man sich die Literatur anschaut, in der Drogen-Erfahrungen beschrieben werden, erhält man schnell den Eindruck, daß die intensivsten und wirksamsten Erlebnisse stets von einem Ritual oder einer ähnlichen bewußten Tätigkeit begleitet gewesen sind. Das bedeutet, das es mit einiger Wahrscheinlichkeit am effektivsten ist, nicht einfach nur eine Droge zu nehmen und abzuwarten, was geschieht, sondern daß man ein klares Ziel haben sollte, das dann entschlossen anstrebt und dabei eine Droge als Helfer hinzuzieht.

Es hat sich ja sogar herausgestellt, daß Antidepressiva und Psychotherapie in Kombination weitaus wirksamer sind als wenn man nur eine der beiden Möglichkeiten benutzen würde – auch das ist eine Kombination von Droge und „Ritual".

Dasselbe kann man auch bei Menschen beobachten, die des öfteren Cannabis rauchen: Wenn sie dies einfach zum Genuß oder aus Langeweile tun, werden sie meist nach einer Weile apathisch – wenn Menschen jedoch Cannabis rauchen, um z.B. die Lebenskraft sehen zu können oder Kontakt mit Naturwesen aufnehmen zu können, tritt dieser Apathie-Effekt nicht ein.

Es gibt Menschen, die LSD und ähnliche Substanzen benutzen, um aus der Welt zu fliehen, aber es gibt auch Menschen, die LSD dazu benutzen, um ihre Kreativität zu steigern oder in neue Richtungen zu lenken – so haben z.B. die Beatles in ihrem Album „Sgt. Pepper" ihre LSD-Erlebnisse einfließen lassen.

Derzeit gibt es in unser westlichen Zivilisation keine Drogen-Rituale mehr – wenn man einmal von den eher destruktiven Alkohol-Besäufnissen wie dem „Koma-Trinken" absieht. Die alten Rituale wie die Hexensalben oder dem Trank aus dem

Odin-Kult sind schon lange außer Gebrauch gekommen und neue Drogen-Traditionen haben sich – im Gegensatz z.B. zu dem indianischen Schwitzhütten-Ritual oder dem indischen Yoga – noch nicht wieder etabliert.

Allerdings gibt es ein reges Interesse vor allem an indischen Drogen-Traditionen wie dem Rauchen von Hanf im Shiva-Kult oder der Verwendung von Mescalin bei den mittelamerikanischen Indianern und von Ayahuasca bei den südamerikanischen Indianern. Eine neue westliche Tradition, die in Europa und den USA fest verankert ist, ist dadurch jedoch noch nicht entstanden.

Ein grundlegendes Problem ist auch das durch die UNO 1971 initiierte generelle Verbot von Drogen (außer Alkohol und Tabak), was die ruhige Entwicklung eines mit dem Drogenkonsum verbundenen höheren Niveau an Sachkenntnis und Effektivität weitgehend verhindert hat.

Zugegebenermaßen sind die Probleme, die Alkohol in unserer westlichen Kultur verursacht (jede dritte Gewalttat geschieht unter Alkoholeinfluß), so groß, daß Drogen zunächst einmal auch als Störung des öffentlichen Friedens erscheinen können. Dabei wird jedoch nicht die sehr unterschiedliche Wirkung der verschiedenen Drogen beachtet.

In einem Weltbild, das fast ausschließlich sachlich-materiell ist und durch die Naturwissenschaften geprägt ist, haben Drogen zunächst einmal auch keinen Platz, weil sie tendenziell den kühlen Sachverstand zu trüben scheinen. Vermutlich werden Drogen in unserer Kultur erst dann wieder erlaubt und systematischer erforscht werden und eine tragfähige und hilfreiche Tradition ausbilden können, wenn das Innenleben des Menschen wieder einen genauso hohen Stellenwert wie sein äußeres Wohlbefinden erlangt hat – und idealerweise auch die Naturwissenschaften mit der Magie und Meditation wieder zu einem einheitlichen Weltbild zusammengefügt worden sind.

Bis ein solcher allgemeiner kultureller Fortschritt erzielt worden ist, kann man entweder an Ritualen aus anderen Kulturen teilnehmen oder selber forschen und die eigenen Erfahrungen weitergeben, damit sich allmählich ein Bodensatz an Drogen-Sachkenntnis bildet, der auch öffentlich z.B. in Form von Büchern zugänglich ist.

Zum Ende dieses Kapitels folgen nun noch einige konkrete Beispiele für die Kombination von Drogen mit Ritualen oder Meditationen.

1. Traditionelle Kombinationen

Die Zusammenhänge, in denen traditionell Drogen verwendet werden, haben eine recht begrenzte Anzahl von Zielen. Im Folgenden sind die wichtigsten dieser Drogen – also die wichtigsten Entheogene – entsprechend ihrer Verwendung zusammengefaßt.

a) entspannend

Diese Gruppe von Entheogenen ist eher klein.

- <u>Blauer Lotus</u> (Nymphea caerulea): Mayas, Altägypten (?) – beruhigend, entspannend
- <u>Kratom</u>: Thailand – beruhigend, entspannend; Rituale der Ahnenverehrung und im Kult der Götter
- <u>Opium</u> (Schlafmohn): Ägypten, Kreta, Griechenland – Heilmittel, Droge für Priester

b) anregend

Diese Gruppe von Entheogenen wird auch sehr oft außerhalb des Kultes verwendet.

- <u>Coca</u>: Anden, Nördliches Südamerika – Schamanen-Rituale, vor längeren Meditationen oder Gebeten kauen
- <u>Kakao</u>: Mittelamerika (Olmeken, Mayas, Azteken u.a.) – anregend, in Ritualen verwendet
- <u>Pituri</u> (Dubiosia hopwoodii und Dubiosia myoporoides): Aborigines in Australien – anregend

c) enthemmend

Dies ist die Gruppe der alkoholischen Getränke.

- <u>Mais-Bier</u> („Chicha de jora"): Quetchua („Inkas"), Tarahumaras in Mexiko – wird nur in den wichtigsten Ritualen getrunken
- <u>Wein</u>: Griechen, Thraker; Dionysos-Kult – berauschend

d) Erhöhung der Konzentration

Diese erhöhte und langanhaltende Konzentration wird u.a. in der Meditation, in der Präsenz im Alltag („Achtsamkeit") und im Gebet angestrebt.

- <u>Kaffee</u>: Sufi-Klöster im Jemen – Hilfe bei Meditationen und beim Mantren-Sprechen
- <u>Khat</u>: Äthiopien – anregend, bei langen Gebeten wach und konzentriert bleiben
- <u>Tee</u>: Buddhisten – Aufrechterhaltung der bewußten Wachheit

e) Klarheit

Es gibt nur wenige Drogen mit einer solchen Wirkung.

- <u>Hawaiianische Holzrose</u>: Huna-Schamanen in Nordindien – psychedelisch, extrem große Klarheit im inneren Erkennen und Verstehen
- <u>Kava</u>: Westpazifik – entspannend, in Ritualen verwendet, klärt den Verstand

f) Wahrträume und Kontakt mit den Geistern

Mithilfe dieser Drogen werden luzide Träume, die zugleich Wahrträume sind, also die Zukunft oder verborgene Dinge zeigen, angestrebt. In vielen urtümlichen Kulturen ist jede Form der Wahrsagung oder der Magie mit den Ahnen verbunden, weshalb in den Drogen-Beschreibungen in diesem Abschnitt in vielen Fällen auch „Kontakt mit den Ahnen" o.ä. auftaucht.

- <u>Afrikanisches Traumkraut</u>: Südafrika – lebhafte Träume, Ahnen-Kontakt, Wahrsagung

- <u>Afrikanische Traumwurzel</u>: Xhosa in Südafrika – lebhafte Träume, Ahnen-Kontakt, Wahrsagung

- <u>Aztekisches Traumkraut</u>: Chonatl-Indianer in Oaxaca in Mexiko – lebhafte Träume, Ahnen-Kontakt, Wahrsagung

- <u>Beifuß</u>: Europa – Klarträume, mit Sommer- und Wintersonnenwende und daher vermutlich auch mit dem Sonnengott und seiner alljährlichen Jenseitsreise assoziiert

- <u>Chilli</u> (Capsicum, verschiedene Sorten): Quetchua („Inkas"), Mittelamerika – Visionen, Rausch (manchmal mit Tabak gemischt); Jenseitsreisen zu den Toten (Unterwelt) und zu den Göttern (Oberwelt)

- <u>Gelbrinden-Akazie</u> (Vachellia xanthophloea): Afrika – luzide Träume, von Schamanen verwendet

- <u>Guayusa</u> (Ilex guayusa): Quetchua („Inkas") – für Wahrträume; Ayahuasca-Zutat

- <u>Mexikanisches Traumkraut</u> (Tagetes lucida): Mexiko – luzide Träume

- <u>Ololiuqui</u> (Turbina corymbosa): Mittelamerika – manchmal Zutat des Balché-Tranks, Kontakt mit den Ahnengeistern, vermutlich luzide Träume

- <u>Steppenraute</u>: Iran, Mittlerer Osten, Himalaja – psychedelisch; im Himalaja in Ritualen verwendet, in denen sich der Lama innerlich mit einer Göttin vereint; regt Träume an

- <u>Talgmuskatnußbaum</u>, auch: Roter Ucuuba (Virola sebifera): Venezuela – psychedelisch, Visionen, DMT-haltig; von Schamanen beim Austreiben von bösen Geistern verwendet (= Ahnen-Kontakt)

- <u>Ubhubhubhu</u> (Helinus integrifolius): Xhosa in Südafrika – in Träumen mit den Ahnen sprechen

- <u>Uvuma Omhlope</u> (Synaptolepis Kirkii): Südafrika – Klarträume und Visionen

g) Förderung von Visionen

Diese Kategorie kann die Förderung von inneren Bilder bis hin zu äußeren Visionen enthalten und grenzt manchmal auch an die Drogen, die Astralreisen verursachen.

- <u>Ägyptisches Bilsenkraut</u>: Nordost- und Mittelafrika – psychedelisch, Visionen

- <u>Bauern-Tabak</u> (Azteken-Tabak, Mapacho, Thuoc lao, Starker Tabak): Schamanen im oberen Amazonasgebiet, Vietnam – Herbeirufen das Tabak-Pflanzengeistes bei Heilungen, von Schamanen im Amazonas-Gebiet verwendet, manchmal eine Zutat des Ayahuasca-Tranks

- <u>Beach Moonflower</u>: Mazateken in Mexiko – psychedelisch, Visionen

- <u>Cannabis</u>: Rastafari, Shivaismus, First Church of Cannabis u.a.; täglich von indischen Sadhus geraucht; seit mindestens 2500 Jahren verwendet; möglicherweise auch im frühen Judentum; auch bei den Dakern (ein Stamm der Thraker) – psychedelisch, Visionen; bei den Dakern werde die Cannabis-Raucher „die in den Wolken wandern" genannt, d.h. „die mit den Ahnen und Göttern sprechen"; Droge wird oft als „weiblich" bezeichnet; sie kann die Kundalini wecken
- <u>Dictyonema huaorani</u> (ein Pilz); Schamanen im Amazonas-Regenwald – psychedelisch, Visionen
- <u>Fliegenpilz</u>: sibirische Schamanen, evtl. auch Germanen in Skandinavien – Visionen, Astralreise, verändertes Bewußtsein
- <u>Himmelblaue Prunkwinde</u>: Zapoteken in Mexiko – psychedelisch, von mexikanischen Schamanen für Visionen verwendet
- Honig der Verrückten (Honig aus Grayanotoxin-haltigen Pflanzen): Nepal, türkische Schwarzmeer-Küste – Visionen
- <u>Iboga</u> (Tabernanthe iboga): Westliches Zentralafrika; in der Bwiti-Religion – psychedelisch, Visionen, Erinnerungen an die frühe Kindheit, Wachträume, Verbundenheit mit der Gemeinschaft
- <u>Ikhathazo</u> (Alepidea amatymbica): Südafrika – Kontakt mit den Ahnen
- <u>Jurema</u> (Mimosa tenuiflora = Mimosa hostilis): Jurema-Kult in Nordost-Brasilien – psychedelisch, Visionen, dem Ayahuasca ähnlich
- <u>Nyakwána</u> (Virola elongata): Yanomami in Brasilien – psychedelisch, Visionen, DMT-haltig
- <u>Peruanischer Fackel-Kaktus</u> (Echinosis peruviana): Chavin-Indianer in Südamerika – psychedelisch, Visionen; Rituale der Chavin-Indianer in der Vor-Inka-Zeit
- <u>Psilocybin-haltige Pilze</u>: Mazateken – psychedelisch, Visionen
- <u>Sinicuichi</u> (Heimia salicifolia): Schamanen der Mayas und Azteken – Visionen, berauschend, euphorisierend
- <u>San Pedro Kaktus</u> (deutsch: St-Petrus-Kaktus) (Echinopsis pachanoi): Südamerika – psychedelisch, dem Namen zufolge (Petrus am Himmelstor) auch für Ahnen-Kontakte zuständig; oft als „männlich" bezeichnet
- <u>Stechapfel</u>: Mitteleuropa, Griechenland, Naher Osten; Sadhus in Indien; Algonkin, Navajo, Cherokee, Chumash u.a. Indianer-Stämme; Táltos-Schamanen in Ungarn – Visionen, veränderte Bewußtseinszustände, Aufnahme der Jugendlichen in den Kreis der Erwachsenen
- <u>Vilca</u> (Anadenanthera colubrina): Vilca-Indianer in Südamerika – psychedelisch, Visionen
- <u>Weihnachts-Rebe</u> (Turbina corymbosa): Mazateken – psychedelisch, Visionen
- <u>Yopo</u> (Anadenanthera peregrina): Nordchile (500-1000 n.Chr.) – psychedelisch, Visionen

h) Verursachung von Astralreisen

Dies sind die Entheogene, die am gefährlichsten sind, weil sie die Astralreise durch einen Beinahe-Tod mithilfe einer beinahe tödlichen Vergiftung herbeiführen.

- Alraune: Mittelmeerraum, Naher Osten – Astralreise, in der Magie verwendet
- Krainer Tollkraut (Scopolia carniolica): Mitteleuropa, Hexen (Mittelalter) – Zutat der Hexensalben
- Pantherpilz: Sibirien – entspannend, angstlösend, Visionen, Astralreise, verändertes Bewußtsein, Verwendung durch Schamanen
- Schwarzes Bilsenkraut: Griechenland (Antike), Hexen in Mitteleuropa (Mittelalter) – Astralreise, Bestandteil der Hexensalben
- Schwarzer Nachtschatten: Mitteleuropa, Hexen (Mittelalter) – Bestandteil von Hexensalben
- Schwarze Tollkirsche: Mitteleuropa, Hexen (Mittelalter) – Bestandteil von Hexensalben

i) Selbsterkenntnis

Diese Kategorie von Entheogenen ist recht uneinheitlich, da die Drogen, die in diesem Zusammenhang verwendet werden, sehr unterschiedlich wirken, auch wenn sie dasselbe Ziel haben.

- Ayahuasca: Südamerika, Amazonas-Regenwald – psychedelisch, Visionen, tiefgreifende Verwandlung der Persönlichkeit
- Bolivischer Fackelkaktus (Echinopsis legeniformis): Südamerika – psychedelisch, Visionen, Mescalin-haltig
- Bufo alvarius (Krötengift); Mittelamerika – psychedelisch, spirituelle Retreats
- Chacruna (Psychotria viridis): DMT-haltig, União de Vegetal, Brazilien Church, Daime u.a. – psychedelisch, Visionen
- Chaliponga: Südamerika – psychedelisch, Bestandteil des Ayahuasca
- Engelstrompeten: Südamerika, zuweilen zusammen mit Ayahuasca – psychedelisch, verändertes Bewußtsein
- Labrador-Tee (verschiedene Sorten Rhododendron): Kaukasus – bewußtseinsverändernd, Verwendung durch Schamanen
- LSD: League for Spiritual Discovery (LSD) – psychedelisch
- Mescalin (Peyote-Kaktus): in Amerika seit mindestens 3000 Jahren; verschiedene Indianer-Stämme (Kiowa, Mexiko), Native American Church; Oshara-Tradition in

Neumexiko und Colorado; Santo Daime in Brasilien – psychedelisch, erhöht Konzentration, Visionen, im Ritual zum Teil einfache Gruppentänze

j) Erkenntnis der Götter

Diese Gruppe läßt sich nur ungenau von den Entheogenen, die Visionen bewirken oder die den Kontakt zu den Ahnen herstellen, abgrenzen.

- Azteken-Salbei: Mazateken – psychedelisch, Visionen, unvorhersehbare und spezielle Wirkungen, manchmal beängstigend, Kontakt zu Geistern; z.T. zusammen mit Salbei-Tänzen

k) Unbekannte Wirkung

Dies ist die Gruppe der „mythologischen Entheogene", die also nur oder hauptsächlich aus den mythologischen Überlieferungen bekannt sind.

- Balché: Mayas – Wirkung unbekannt
- Kykeon: Griechenland, Mysterien von Eleusis – Wirkung unbekannt
- Met: Germanen, Kelten, Indogermanen – berauschend
- Soma/Haoma (unbekannte Rankenpflanze): Inder, Perser – psychedelisch, erhabene Stimmung, Kontakt zu den Göttern

2. Experimentelle Kombinationen

Die folgenden Kombinationen von meditativen oder magischen Methoden mit Drogen sind vermutlich individuell recht verschieden. Bei den meisten von ihnen gibt es meines Wissens noch keine umfangreichen Erfahrungs-Sammlungen, die solide begründete allgemeine Aussagen ermöglichen würden.

a) Hellsehen und Cannabis

Die Übungen in der Magie, die das Hellsehen fördern, also die Wahrnehmung der Lebenskraft und sekundär auch der inneren Bilder, können vermutlich mit Cannabis-Erlebnissen kombiniert werden – zumindestens spricht der regelmäßige Gebrauch von Cannabis durch die indischen Sadhus für diese Vermutung. Meines Wissens gibt es keine Meditationen, die explizit die Wahrnehmung der Lebenskraft zum Ziel haben, aber da viele Meditationen mit der Imaginationen (Vorstellung innerer Bilder) und mit dem Lenken der Lebenskraft (Atemübungen) arbeiten, sollte es möglich sein, beides erfolgreich zu kombinieren.

Die Wahrnehmung der Lebenskraft wird meistens durch die stille Betrachtung von Pflanzen, das Spüren der Aura eines Menschen mithilfe der Hände, das Erwecken der Chakren, das Betrachten der Kopf-Aura eines Menschen im Dämmerlicht u.ä. geübt. Mir sind einige Personen bekannt, die der Ansicht sind, daß ihnen Cannabis bei diesen Übungen sehr geholfen hat.

b) Cannabis und Kundalini

Ob Cannabis generell auf die Kundalini wirkt und sie erweckt, ist fraglich. Da jedoch zum einen Cannabis die Wahrnehmung der Lebenskraft fördert und zum anderen die Kundalini der Fluß der Lebenskraft im eigenen Körper ist, sollte Cannabis zwar nicht unbedingt allen Menschen, aber doch einem Teil der Menschen helfen können, Kontakt zur Kundalini zu erhalten und sie in sich zu erwecken.

c) Cannabis und Schwitzhütten

Schwitzhütten funktionieren auch ohne Drogen und sind sehr wirksam. Da die Skythen und möglicherweise auch die Perser (zwei indogermanische Völker) in der Schwitzhütte Cannabis geräuchert habe, scheint die Kombination von Cannabis und Schwitzhütte zu funktionieren. Da Cannabis die Wahrnehmung der Lebenskraft fördert und man in der Schwitzhütte mehrere Lebenskraft-Wesen (Gottheiten, Tiergeister u.a.) herbeiruft und auch die Lebenskraft lenkt, klingt die Verwendung von Cannabis in Schwitzhütten recht plausibel.

d) Cannabis und Invokationen/Evokationen

Da Cannabis generell die (optische) Wahrnehmung der Lebenskraft fördert, könnte diese Droge auch bei diesen beiden magischen Methoden hilfreich sein.

Cannabis als Helfer bei der Wahrnehmung der Lebenskraft kann letztlich natürlich bei allen magisch-meditativen Methoden hilfreich sein, da es bei diesen Methoden immer auch um die Lenkung der Lebenskraft geht. Ein möglicher Nachteil von Cannabis könnte eine Einschränkung der geistigen Klarheit, der Konzentration und des Willens sein – aber das muß vermutlich jeder für sich selber herausfinden.

e) Ahnen-Drogen und Familienaufstellungen

Die vielen verschiedenen Drogen, die vor allem über luzide Träume den Kontakt zu den Ahnen herstellen, sollten sich eigentlich erfolgreich mit einer Familienaufstellung kombinieren lassen können. Es könnte sein, daß Cannabis auch hier hilfreich sein kann.

Dies ist meines Wissens jedoch ein Bereich, der noch völlig unerforscht ist. Da sowohl ein Teil der Traumkräuter als auch die Methode der Familienaufstellungen von südafrikanischen Schamanen stammt, sollte man eigentlich von ihnen einen sachkundigen Rat zu diesen Überlegungen erhalten können. Ansonsten kann man es nur ausprobieren …

f)   Traumkräuter und luzide Träume

Eigentlich sollte es möglich sein, magisch-meditative Methoden des Erlangens von luziden Träumen mit den passenden Drogen zu kombinieren. Doch auch hier scheinen noch keine soliden Erfahrungsberichte vorzuliegen.

g)   Astralreise und Hexensalbe

Ist die Anwendung einer Hexensalbe oder eines der vielen giftigen Astralreisen-induzierenden Nahtod-Kräuter effektiver, wenn man gleichzeitig Astralreise-Übungen wie Entspannungsübungen, Spiegelmagie und ähnliches durchführt?

Eigentlich müßte es zu diesem Thema einiges an Sachkenntnis geben, aber es ist fraglich, ob sich diese Sachkenntnis bereits in irgendeinem Buch befindet.

h)   LSD und Schatten

Von LSD ist bekannt, daß diese Droge manchmal einen „Horrortrip" verursacht, der mit einiger Wahrscheinlichkeit eine Begegnung mit dem eigenen Schatten ist. Es ist allerdings zum einen unklar, ob irgendjemand freiwillig einen Horrortrip anstrebt, um seinen eigenen Schatten kennenzulernen, und zum anderen ist ebenfalls unklar, ob ein solcher Horrortrip dafür geeignet sein kann, den eigenen Schatten anzunehmen und zu integrieren.

i)   LSD und Seele

Die Effektivität von LSD, Mescalin, Psilocybin, Ayahuasca u.ä. Drogen zur Unterstützung der Suche nach dem Kontakt mit der eigenen Seele ist vermutlich in einem traditionellen Rahmen am größten, da dort die Wirkung dieser Drogen in die erwünschte Richtung kanalisiert wird. Eigentlich sollte auch die „Freistil-Kombination" z.B. von LSD und einer Traumreise zur eigenen Mitte funktionieren können – aber ob das tatsächlich so ist oder ob es Effekte gibt, die das teilweise oder ganz verhindern, läßt sich nur schwer sagen. Möglicherweise ist es auch sinnvoller, erst eine Traumreise zur eigenen Mitte zu machen und dann anschließend, während man klar auf die eigene Seele ausgerichtet ist, LSD zu nehmen.

j) LSA und Chesed

Das LSA in der Hawaiianische Holzrose ermöglicht möglicherweise den Zugang zu Chesed, also zu dem Akasha-Archiv, in dem die Welt durchsichtig wird und man alle erwünschten Informationen erhalten kann. Vielleicht sollte man die Traumreise nach Chesed und das Einnehmen der Droge auch hier nicht gleichzeitig, sondern nacheinander durchführen. Aber die Möglichkeit der effektiven Kombination beider Methoden ist natürlich keinesfalls ausgeschlossen.

k) Azteken-Salbei und Da'ath

Der Zustand, der durch den Azteken-Salbei erreicht wird, entspricht dem Abgrund und Da'ath sowie den drei oberen Sephiroth, also dem abgrenzungslosen Zustand. Inwiefern der Azteken-Salbei auf einer Traumreise nach Da'ath oder in einem Mandala-Ritual[6], das nach Da'ath führen soll, sinnvoll eingesetzt werden kann, ist unklar. Beides hat dieselbe Wirkung, aber ob sich beides, wenn man es gleichzeitig benutzt, gegenseitig fördert oder behindert, kann nur das Experiment zeigen.

---

6   Siehe bei Bedarf mein Buch „Mandalas für Anfänger".

3. Das Abwägen der Möglichkeiten

Zum Erreichen eines bestimmten Zieles gibt es meist mehrere Möglichkeiten – das gilt auch für die Verwendung von Drogen und die Benutzung von Meditationen u.ä. Daher ist auch hier der Vergleich der möglichen Wege zum Ziel und die Auswahl eines dieser Wege notwendig – oder mehrere dieser Wege in Kombination.

Da es nur eine begrenzte Anzahl von Zielen gibt, die sich sowohl mithilfe von Drogen als auch mithilfe von Meditationen, Ritualen u.ä. erreichen lassen, sind die folgenden Übersichten von den Themen her recht übersichtlich, aber von den Möglichkeiten her sehr vielfältig.

a) entspannend

- Entspannungsübungen
- Hatha-Yoga
- Selbsterkenntnis durch Meditation, Ritual, Therapie usw. (langfristige Wirkung)
- Schwitzhütte, Invokation einer Muttergöttin
- entspannende Drogen

=> Hier hängt es hauptsächlich von der eigenen Vorliebe ab, welche Methode man benutzt.

b) anregend

- Atemübungen
- Invokationen von Gottheiten
- Anrufungen der vier Elemente
- Erwecken der Kundalini
- dreimal täglich das Große Pentagramm-Ritual durchführen
- klare Ziele, die aus dem Herzen kommen
- anregende Drogen (Nachteil: anschließende Erschöpfung)

=> Als Dauerlösung ist hier eine der meditativen oder magisch-rituellen Methoden vorzuziehen, da sie keine anschließende Erschöpfung bewirken, nicht süchtig machen und das Energie-Niveau dauerhaft heben können.

c)   enthemmend

- Traumreisen zu den eigenen Blockaden und Heilung dieser Blockaden
- Tanz
- enthemmende Drogen: vor allem Alkohol (anschließender Kater), auch Ecstasy (anschließend ebenfalls ein Drogen-Kater)

=> Kurzfristig ist Alkohol am einfachsten, aber langfristig wäre natürlich eine Auflösung der psychischen Blockaden erstrebenswert – zumal ständiger Alkohol-Konsum beträchtliche Nebenwirkungen hat.

d)   Informationen beschaffen

- Omen
- Orakel
- Astrologie
- Traumreise
- Familienaufstellung
- luzider Traum und Gespräch mit den Ahnen durch Drogen

=> Hier stellt sich die Frage, welche Art von Informationen man benötigt. Wenn es lediglich um die grundlegende Erkenntnis von Strukturen und Qualitäten geht, sind Omen, Orakel und die Astrologie ausreichend. Wenn konkretere Informationen und Struktur-Erkenntnisse benötigt werden, wären Familienaufstellungen die passende Methode. Falls möglichst konkrete Informationen benötigt werden, stehen die Traumreise sowie die Drogen, die luzide Träumen und Ahnen-Gespräche verursachen, zur Wahl. Hier könnte man natürlich auch schrittweise von einem Orakel über eine Familienaufstellung zu einer Traumreise oder der Verwendung von Drogen gehen.

e) Klarheit

- Denken
- etwas zu dem Thema lesen
- etwas zu dem Thema schreiben
- Gespräch
- Traumreise zu einem Klarheits-Gott wie z.B. Merkur oder Thot
- Klarheits-Drogen, d.h. vor allem Hawaiianische Holzrose

=> In vielen Fällen läßt sich das „Standard-Niveau" des eigenen Denkens durch die eine oder andere Methode deutlich verbessern: das bereits Bekannte überprüfen, über die eigenen Einstellungen nachdenken, etwas lesen, sich selber durch Schreiben sortieren, Gespräche führen und schließlich eine Traumreise zu dem Thema unternehmen oder die passende Droge nehmen. Bei der Drogen-Methode ist es möglicherweise notwendig, alles Erkannte sofort auszusprechen und per Mikro aufzunehmen oder einen Begleiter zu haben, der sich alles Wesentliche notiert, was man unter dem Einfluß der Droge erkennt und ausspricht.

f) Konzentration

- Meditation üben
- Traumreise zu den Konzentrations-Hindernissen
- in das Hara atmen
- z.B. Buddha um Hilfe bitten
- Konzentrations-fördernde Drogen (meist mit einem „Drogen-Kater")

=> Die Konzentrations-fördenden Drogen sind entweder nur kurzfristig wirksam oder man muß sie dauerhaft einnehmen, was möglicherweise Nebenwirkungen hat – auf jeden Fall ist dann die eigene Konzentrationsleistung von dem Vorhandensein der Droge abhängig und der „Drogen-Kater" könnte zu einem unpassenden Zeitpunkt auftreten. Die drogenfreien Methoden sind allesamt nur langfristige Hilfen, woraufhin man jedoch das eigene erhöhte Konzentrationsvermögen dann dauerhaft zur Verfügung hat.

g) Visionen

- Traumreisen
- Invokationen
- Evokationen
- Visions-fördernde Drogen

=> Hier hängt die Wahl der Methode sehr stark davon ab, warum man eigentlich Visionen haben will. Wenn man einfach etwas erleben will, kann man alle vier Methoden ausprobieren – wobei die Drogen-Methode natürlich die einfachste ist. Wenn man häufig ganz gezielt nach konkreten Informationen sucht z.B. weil man wissen will, in welchem Zustand sich das Chakren-System eines Ratsuchenden befindet oder wo der Haustürschlüssel liegt, den der Betreffende verloren hat, sind vermutlich Traumreisen die effektivste Methode.

h) Astralreise

- Entspannungs-Übungen
- weitere Astralreise-Methoden
- Astralreise-induzierende Drogen

=> Hier ist die Frage der Wahl der Methode sehr wahrscheinlich ganz einfach von dem Temperament des Betreffenden abhängig.

i) Selbsterkenntnis

- Traumreise zur eigenen Mitte
- Therapien
- Einweihungs-Rituale
- Drogen, die die Selbsterkenntnis fördern

=> Auch hier ist die Wahl der Methode vermutlich vor allem eine Temperaments-Frage. Traumreisen zur eigenen Mitte und Einweihungen (die etwas taugen!) können eine solide Grundalge schaffen, da sie zu einer Begegnung mit der eigenen Seele führen. Therapien können helfen, die eigene Psyche zu erkennen und zu heilen. Drogen, die auf die Selbsterkenntnis wirken, können helfen, zu grundlegenden Durchbrüchen und Erkenntnissen zu gelangen. Wann bei diesem Thema was förderlich ist, ist individuell ausgesprochen unterschiedlich.

j) Kontakt zu den Göttern

- Traumreisen
- Anrufungen, Invokationen, Evokationen
- Drogen, die Visionen bewirken und Kontakt zu den Ahnen und Göttern herstellen

=> Traumreisen und Anrufungen sind die sanfte Methode, Invokationen und Evokationen sind die abenteuerliche Methode, und Drogen sind – wenn sie eine Wirkung haben – die heftige Methode. Die Wahl ist hier wieder sehr stark eine Stil-Frage.

k) Freude

- verschiedene Meditationen (die meisten Meditationen führen letztlich zum Erlebnis der Freude, also zu dem, was in Indien „Ananda" genannt wird)
- Traumreise zur eigenen Mitte und zur eigenen Schutzgottheit; anschließend z.B. den Namen der Seele oder der Gottheit als Mantra benutzen
- euphorisierende Drogen (Ecstasy, Sinicuichi, evtl. auch Steppenraute)

=> Drogen führen kurzfristig zu einer Freude, einem „Hoch" mit anschließendem „Tief" (Drogen-Kater) – Meditationen können zu einer langfristigen und weitgehend stabilen Freude führen. Die Traumreise zu eigenen Mitte und zur eigenen Schutzgottheit kann eine gute Grundlage zum Erreichen der Freude durch Meditation sein.

4. Neptun

In der Astrologie ist der Neptun der Planet, der u.a. für Drogen, Meditation und teilweise auch für Magie zuständig ist. Man kann folglich anhand der Stellung des Neptuns im Horoskop erkennen, wie der Betreffende mit Drogen umgeht bzw. wie für ihn vermutlich der beste Umgang mit Drogen aussieht.

Die Beschreibung der ganzen Stellungen des Neptun in den 12 Tierkreiszeichen, in den 12 Häusern und seine Aspekte zu den anderen Planeten würde hier jedoch viel zu viel Raum einnehmen.

Generell kann man sagen, daß das Tierkreiszeichen den Stil beschreibt, wie man Drogen sieht. So sind z.B. für den Jungfrau-Neptun Drogen ein Heilmittel, für den Waage-Neptun eine Möglichkeit, Schönheit zu finden, für den Skorpion-Neptun eine Möglichkeit der Verwandlung und Ekstase usw.

Das Haus, in dem der Neptun steht, zeigt, in welcher Form man ihn im eigenen Leben haben will. So sieht man Neptun z.B. im 2. Haus als Substanz, die man genießt; im 7. Haus als Mittel des Kontakts zu anderen; im 9. Haus als Hilfe beim Erkennen der größtmöglichen Ziele usw.

Die Aspekte zu den Planeten zeigen schließlich, in welcher Form die Drogen in den gesamten Charakter eingefügt werden: So sucht man z.B. bei einer Neptun/Mond-Konjunktion die Wahrnehmung der Lebenskraft; bei einem Neptun/Sonne-Trigon sucht man Selbsterkenntnis; bei einem Neptun/Uranus-Quadrat sucht man den „Kick" usw.

Da in allen Horoskopen von Menschen, die zwischen 1942 und 2039 geboren worden sind bzw. noch geboren werden, der Pluto („Wesentliches") ein Sextil zum Neptun („Drogen" u.a.) hat, sind Drogen seit der Zeit, in der die ersten Menschen mit diesem Aspekt in ihrem Horoskop erwachsen geworden sind (ca. 1962) ein wesentliches Element in deren Leben. Das bedeutet für die Deutung des Neptun in einem Horoskop, daß die ganzen Neptun-Themen wie Drogen, Ökologie, Kunst, Sozial-Engagement, Religion, Magie, Meditation usw. existentiell wichtig sind. Das bedeutet weiterhin, daß vor allem der Pluto die Sicht auf den Neptun und somit die Drogen bestimmt.

Der Neptun im Skorpion wird daher z.B. stets durch einen Pluto in der Jungfrau geprägt – dort steht der Pluto aufgrund des Sextil-Abstandes zum Neptun. Der Pluto in der Jungfrau will heilen und das tut er mithilfe von neptunischen Mitteln, also mit Drogen, Homöopathie, Kunst und dergleichen.

Man muß natürlich nicht sein eigenes Horoskop kennen, um Drogen nehmen zu können, aber diese Kenntnis könnte hilfreich sein, um zu einem möglichst eigenständigen, selbstbestimmten und effektiven Umgang mit Drogen zu gelangen.

Interessanterweise stammen ein Sechstel der Drogen aus Lianen oder Rankenpflanzen – das sind weit mehr als der Anteil der Rankenpflanzen an allen Pflanzen. Besonders hoch ist dieser Lianen/Rankenpflanzen-Anteil bei den Drogen, die luzide Träume, Vsionen, Bewußtseinsveränderungen und Astralreisen verursachen.

Die Lianen/Ranken-Wuchsform gehört wie alle Formen der Symbiose zum Neptun – die neptunischen Pflanzen enthalten häufig eine Droge und benutzen häufig andere Pflanzen als Halt.

Die Droge wirkt auf den Zusammenhalt zwischen zwei Nerven, also auf die Übertragung elektrischer Reisze von einem Nerv zum anderen – die Ranken stellen einen Zusammenhalt mit einer anderen Pflanze her.

Solche „astrologischen Zusammenhangs-Komplexe" lassen sich an vielen Stellen in der Welt finden.

VIII Traumreisen zu psychoaktiven Pflanzen

In den Betrachtungen in den vorigen Kapiteln sind häufig Traumreisen erwähnt worden. Daher folgen nun drei Traumreisen zu Entheogenen, um zu zeigen, wie solche Traumreisen aussehen können. Diese Traumreisen stammen aus meinem Buch „Traumreisen zu Heilpflanzen".

1. Hanf

„Hallo Hanf ... Du bist ja ein bißchen in Verruf gekommen, weil man aus dem Harz der Blüten der weiblichen Hanf-Pflanzen die Droge Haschisch herstellen kann und dieses Weichharz in vielen Ländern verboten ist. Da hat man das Kind mit dem Bade ausgeschüttet und gleich auch den Anbau von Hanf verboten, obwohl der Hanf früher ein wichtiger Rohstoff für die Herstellung von Seilen, Stricken u.ä. gewesen ist – ähnlich wie man dem Flachs Leinen-Fäden hergestellt hat. Man hat aus den Samen auch Speiseöl und aus den Blättern ätherisches Öl hergestellt.

Vorgestern habe ich noch eine riesige Hanfpflanze gesehen, die höher aufgeragt ist als die Maispflanzen auf dem Acker, an deren Rand diese Hanfpflanze stand. Sie war wirklich nicht zu übersehen und stand da wohl kaum zufällig und aus Versehen ...

Tja – jetzt habe ich viel geredet, aber Dich noch gar nicht gefragt, ob es Dir recht wäre, mir etwas über Dich zu erzählen oder mir etwas zu zeigen, damit ich Dich besser kennenlernen kann."

„Du redest zu viel."

„Hm – was würdest Du denn vorschlagen?"

„Erleben, spüren, schauen, aufmerksam sein, präsent sein ..."

„O.k. ... was heißt das jetzt konkret?"

„Geh ruhig so vor, wie Du das bei fast allen Pflanzen-Traumreisen machst, aber rede nicht so viel drumherum."

„O.k. ... Dann schaue ich mir jetzt Dich als Pflanze an und lese mal nach, was ich über Dich erfahren kann. Also:

Hanf ist eine einjährige Pflanze – sie lebt also in einem kurzen Zyklus und ist in die Jahreszeiten eingebunden.

Er wird je nach der Fruchtbarkeit des Bodens 20cm bis 5m hoch – er ist also in Bezug auf die Wuchshöhe sehr anpassungsfähig.

Wenn die Hanfpflanzen eng stehen, bildet sich nur ein langer Stengel, der so gut wie keine Verzweigungen hat (ideal für die Fasergewinnung); wenn der Hanf mehr Raum für sich hat, bilden sich viele Zweige – auch in Bezug auf die Wuchsform ist er sehr anpassungsfähig.

Die Wurzel ist so dick wie der Stengel, lang und gerade, wird nach unten hin allmählich dünner und hat viele kleine Seitenwurzeln. Er ist also unter der Erde genauso gradlinig wie über der Erde – man kann einen Zusammenhang mit der Sushumna vermuten, also mit dem zentralen Lebenskraft-Kanal im menschlichen Körper, durch den die Kundalini fließt.

Jeweils meist 7-9 Blätter, maximal 13 Blätter bilden eine 'Hand', die an einem Stengel an dem zentralen Stiel sitzen; diese 'Hände' sitzen gleichmäßig rings um die Pflanze verteilt – die Pflanze hat also einen Sinn für eine symmetrische, systematische Nutzung des Raumes.

In der Regel gibt es beim Hanf getrennt männliche und weibliche Pflanzen; Pflanzen mit beiden Geschlechtern gleichzeitig sind eher selten – die Pflanze hat also eine ausgeprägte Polarität, was eine größere Wirkung auf die Lebenskraft vermuten läßt, da diese auch polar (männlich/weiblich) ist.

Die männlichen Blüten sind gelbgrün, 4mm groß und bilden rispenartige Trugdolden, die 25cm groß sind und in den Blattachseln sitzen – sie sitzen geschützt nah am Stengel (wie bei der Brennnessel) und sind nur durch ihre Form, nicht durch ihre Farbe leicht zu sehen.

Die weiblichen Blüten sind weißgrün, 8mm groß und sitzen stets zu zweit in den Blattachseln, sind deutlich unauffälliger als die männlichen Blüten und sehen aus wie kleine Knäuel (ähnlich dem Hopfen) – sie sind kaum zu sehen, wenn man nicht weiß, wonach man suchen muß; lediglich die weißliche Farbe ist ein deutliches Merkmal.

Die Samen sind klein, länglich und grün.

Also: Der Hanf ist eng an den Jahresrhythmus gebunden; er ist sehr aufrecht und gerade und hat evtl. einen Bezug zur Sushumna; er ist polar und hat evtl. einen Bezug zur Lebenskraft; er ist symmetrisch-systematisch; er ist sehr anpassungsfähig; seine Blüten sitzen geschützt nah am Stengel.

Man kann also vermuten, daß Hanf hilft, die Lebenskraft durch die Sushumna zu leiten. Dazu paßt auch, daß sowohl die männlichen als auch die weiblichen Blüten nah am Stengel sitzen, denn im Yoga muß die Lebenskraft erst einmal von den beiden äußeren Lebenskraft-Kanälen (Ida und Pingala), die den inneren Mann und die innere Frau enthalten, zu dem zentralen Lebenskraft-Kanal (Sushumna) gebracht werden, um dann dort aufsteigen zu können. Die symmetrisch-systematische Wuchsform des Hanf läßt vermuten, daß er auch in der Lage ist, die Lebenskraft im menschlichen Lebenskraftkörper zu ordnen.

Das paßt natürlich gut dazu, daß das Hanf-Harz (Haschisch) eine große Wirkung auf die Psyche des Menschen hat und dabei hilft, die Lebenskraft wahrzunehmen.

Was hältst Du von meiner Betrachtung und meiner Deutung Deiner Gestalt, Hanf?"

„Gut. Aber geh nun weiter zum Schauen und komm mit Deinem Bewußtsein in mich hinein."

„O.k. ... ich bin im Stengel ... da ist es angenehm, entspannt, fließend, ein bißchen auch wie Dahindämmern ... man scheint eine Initiative zu brauchen, um hier wirklich wach zu bleiben – was ja gut zu der Wirkung von Hanf (Haschisch, Cannabis) paßt ... die männlichen Blüten leuchten dezent ... die weiblichen Blüten ebenso ... das ist wirklich ein zurückhaltendes Leuchten – als ob niemand aufgeweckt werden sollte ... die Blätter haben etwas sehr Sanftes – so wie ja auch die Pflanze als Ganzes einen zwar großen und beeindruckenden, aber zugleich sehr sanften Eindruck macht ... die Wurzel hat Festigkeit, Gelassenheit, sie ist langsam und zugleich sehr effektiv ... die Samen sind ebenfalls gelassen, sie vertrauen dem Leben ...

Das Herzchakra im Sproßpunkt zwischen Stiel und Wurzel ... da ist Leuchten, Fließen, Hingabe ... da ist auch Grenzauflösung – das ist zugleich mondisch und neptunisch ... das ist wie eine sanfte und zugleich große Kraft – solch eine Qualität habe ich sonst noch nirgendwo erlebt ... sehr angenehm ... aber man muß wohl darauf achten, daß man selber bewußt behält, was man selber will – sonst fließt man einfach in dem 'warmen, leuchtenden Milch-Strom' des Hanfs mit (wenn man das einmal bildhaft beschreiben will) ... das paßt ja auch gut zu dem eher passiven, trägen Verhalten von Menschen, die Haschisch zu sich genommen haben ...

Ich kehre jetzt wieder in mich zurück.

Was meinst Du dazu, Hanf?"

„Zutreffend."

„Magst Du mir mal in menschlicher Gestalt als 'Hanf-Elf' erscheinen?"

„Wenn Du möchtest ..."

Er steht da als weißlich-neblige Gestalt, 4-5m hoch, weder männlich noch weiblich, leicht leuchtend, es ist wieder dieses milchige Weiß, das so typisch für die Wahrnehmung der Lebenskraft ist, er hat dieselbe sanfte Ausstrahlung wie die Pflanze, langsame Bewegungen, die eher ein Fließen von Nebel als eine Bewegung von Körpergliedern sind ... der Elf steht in Bad Godesberg im Stadtpark vor einem Mammutbaum – vermutlich weil ich da früher des öfteren Leute erlebt habe, die Hanf geraucht haben ...

„Kannst Du etwas tun, Cannabis, wodurch ich Dein Wesen noch besser verstehen kann?"

Die Nebelgestalt scheint einen Arm um mich zu legen – das fühlt sich nach Geborgenheit an ... und zugleich aber auch nach Kontrollverlust ... der sich jedoch nicht allzu bedrohlich anfühlt ... es ist wie 'Heimkehren zur Mutter' ... das ist jetzt ein neuer Aspekt – das mit der Mutter ... das freie Fließen der Lebenskraft in der Sushumna wird offenbar wie eine Heimkehr erlebt – was ja durchaus verständlich ist, da das freie Fließen der Lebenskraft bedeutet, daß man wieder ganz bei sich selber ange-

181

kommen ist und genau das ist, was man ist, und tut, was mal will ...

Zu der Mutter, dem Fließen und dem milchigweißen Nebel paßt, daß Cannabis auch des öfteren als 'weiblich' bezeichnet wird.

„Hanf – kann man sagen, daß Du den Menschen das Urvertrauen zeigst? "

„Ja. "

„Aber das müssen sie dann auch integrieren und sich entsprechend verhalten? "

„Ja – sonst dümpeln sie in diesem Erlebnis vor sich hin und verlieren den Kontakt zur Welt. "

„Hm ... in welcher Weise kannst Du denn am besten helfen? "

„Das ist bei jedem Menschen anders, weil jeder an einer anderen Stelle steht – aber generell helfe ich das Urvertrauen, die Geborgenheit bei der Großen Mutter, das Trinken der Muttermilch wiederzufinden. "

„Hast Du etwas mit dem Bindhu zu tun, also mit dem weißen Licht, das vom Himmel in den Yogi heruntergeströmt, der in sich die Kundalini erweckt hat? Das wird ja in den indischen Schriften der Upanishaden 'die Himmelskuh melken' genannt ... "

„Verwandt, aber nicht dasselbe. "

„Ja ... das habe ich vermutet ... Wirkst Du auf bestimmte Organe und Chakren im Menschen? "

„Auf die Sushumna – alle anderen Wirkungen gehen von dort aus. "

„Ja, gut ... ich schaue mal nach, welche offiziellen Wirkungen von Dir bekannt sind ...

Die Liste der Heilwirkungen ist fast endlos, weshalb Hanf auch als die wichtigste Heilpflanze überhaupt bezeichnet wird – was ja kein Wunder ist, da das freie Fließen der Lebenskraft in der Sushumna auch die wichtigste Bewegung der Lebenskraft im Menschen ist ...

Also: Hanf hilft gegen

- Entzündungen, Infektionen, Abszeß, Furunkel, Schuppenflechte, Brechreiz, => also bei Mangel an Abgrenzung und Abwehr
- Stoffwechselstörungen, Gewichtsverlust bei Aids-Patienten, Milderung der Nebenwirkung bei der Krebs-Chemotherapie => also bei Mangel an Selbstregulierung
- Depressionen, Bewegungsstörungen, Kreativitätsmangel => also bei Mangel an Selbstausdruck
- Asthma, Menstruationskrämpfe => also bei Mangel an Eigenrhythmus
- Migräne, Schmerzen, Gelenkschmerzen, Muskelschmerzen, Glaukom, Unruhe, Angst (zu hoher Druck im Dritten Auge) => also bei Mangel an Entspannung

Alle diese Wirkungen lassen sich auf das freie Fließen der Lebenskraft in der Sushumna zurückführen.

Möchtest Du noch etwas sagen oder ergänzen, Hanf?"

„Nein ... nur das es sinnvoll wäre, wenn ich wieder in eure Kultur integriert werden würde. Daß ich auch auf eure Psyche wirke, ist kein Nachteil – ihr müßt nur einen sinnvollen Umgang mit mir finden."

„Hm ... das wäre jetzt vermutlich ein eigenes und sehr umfangreiches Thema, nicht wahr?"

„Ja."

„Dann lasse ich das mal jetzt auf sich beruhen. ... Vielen Dank, Hanf!"

„Bitte."

„Ho!"

2. Bilsenkraut

„Hallo Bilsenkraut, ich weiß, daß Du zu den Nachtschattengewächsen gehörst und ein Bestandteil der Hexensalben bist, mit denen man Astralreisen bewirken kann.

Magst Du mir etwas erzählen oder zeigen? Über Dich meine ich?"

Sie antwortet mit verführerischer Stimme: „Komm doch mal her zu mir ..."

Das erinnert mich doch sehr an den Elf des bittersüßen Nachtschattens ...

„O.k. ... ich komme ... ... Ich sehe Deine Blüten ... sie sind recht groß, ein bißchen glockenförmig, ein milchiges Weiß, das irgendwie ungesund aussieht, irgendwie giftig ..."

„Ich bin ja auch giftig ... probier mich doch mal ... das wird interessant werden ..."

„Sag mal, spielst Du mir etwas vor, von dem Du denkst, daß ich es erwarte und sehen will?"

„Natürlich ... was denn sonst?"

„Na, dann schaue ich mal selber weiter ... sind da dunkle Punkte in der Blüte? ... bläulich ... violett ... aber nicht viele ...

Du bist krautig, einen halben bis einen ganzen Meter hoch ... so ein fahles Grün, daß auch nicht sehr gesund aussieht ... wächst Du im Halbschatten? ...

Hm ... mehrere Blüten an einer Pflanze – so sechs, sieben Stück ...

Kräftige Stengel ... nicht rund, sondern wie mit mehreren Kanten ... sind an den Kanten so was wie Stacheln? Nicht richtige Stacheln, aber was Spitzes? Mir scheint, daß Du selber stehen kannst, also keine Rankenpflanze bist ... mehrere Stengel? ... hm ... ja ... manchmal, aber nicht viele ...

Die Blätter ... länglich ... mit Zacken ähnlich wie bei einer Distel ... stimmt das? Oder bringe ich da gerade was durcheinander?

Die Wurzeln ... so'n Wurzelbündel, das in alle Richtungen ausstrahlt ...

Hm ... was läßt sich aus dieser Gestalt schließen? ... versteckt sich, ist unscheinbar, lockt aber mit den Blüten, ist an den Stengeln wehrhaft ... man scheint vorsichtig sein zu müssen ...

Daß Du, Bilsenkraut, Astralreisen verursachen kannst, spricht dafür, daß Du Gift-stoffe enthältst – vermutlich Alkaloide wie die meisten Nachtschattengewächse ... die lassen den Körper in eine todesähnliche Starre verfallen, durch die sich der Astral-körper loslöst, sodaß man eine Astralreise erlebt ... und wenn man zuviel Bilsenkraut nimmt, stirbt man tatsächlich ...

Wo sind diese Gifte? In Deinen Beeren? Vermutlich ... aber warum? Welchen Vor-teil hast Du davon, wenn manche, die Deine Beeren fressen, sterben? Eigentlich dient das Gefressenwerden der Beeren doch der Verbreitung Deiner Samen, die in Deinen Beeren sind ... Ist das entstanden, als die Nachtschattengewächse vor langer Zeit von Südamerika aus auf andere Kontinente gekommen sind, wo es andere Tiere gab? Sind die südamerikanischen Tiere immun gegen das Gift in Deinen Beeren?

Magst Du mir dazu etwas sagen, Bilsenkraut?"

„Du willst zuviel wissen."

„Zuviel? Wie meinst Du das."

„Ist es gut, so viel zu wissen?"

„Ich könnte Dich besser verstehen – und auch das Leben auf der Erde."

„Ich will gar nicht, daß man soviel über mich weiß."

„Daß Du Dich verbergen willst, habe ich ja schon erkannt. Aber warum eigent-lich?"

„Manches gedeiht eben besser im Verborgenen."

„Aber warum? Wirst Du da von niemandem gefressen?"

„Wenn mich niemand frißt, lebe ich weiter."

„Ist das der Grund für Dein Gift?"

„Das ist die Weise, wie ich mein Gift nutze – das ist der Vorteil, den ich davon habe, daß ich giftig bin."

„Aber dann müßten doch Deine Blätter, Blüten und Stengel giftig sein und Deine Beeren nicht – dann würde niemand Dich als Pflanze fressen, aber Dich durch Deine Beeren verbreiten ... Ist das denn so? Ich dachte, das sei umgekehrt ..."

„Du läßt Dir nicht so leicht was vormachen, oder?"

„Danke für das Kompliment ... ist es für Dich o.k., wenn ich mal mit meinem Be-wußtsein in Dich hinüberwechsle?"

„Nein – warum sollte ich das zulassen?"

„Hm ... bisher waren alle Pflanzen damit einverstanden, aber Du scheinst etwas verbergen zu wollen ... Hm ... eigentlich kannst Du mir aber nicht verweigern, daß ich Dich von außen her betrachtet ... ich meine, daß ich von außen her Deine Lebenskraft betrachte ..."

„Dann siehst Du ja eh' dasselbe, als wenn Du in mich hinein wechseln würdest – also komm schon, wechsle in mich hinein ..."

„Danke, Bilsenkraut ... o.k., dann mache ich das jetzt mal ... ... da ist ein 'mich unwohl fühlen' ... da ist so etwas wie giftige Milch ... komisch ... das hat auch was Lauerndes, Listiges, Hinterhältiges – naja, eben wie Gift ... die Blüten locken – wie alle Blüten, aber diese haben was Komisches, das ist nicht aufrichtig ... die Wurzeln sind auch irgendwie komisch – wächst Du vor allem dort gut, wo vermodertes Holz ist, verfaultes Aas oder so was? ...

Dein Herzchakra, also die Stelle zwischen Blättern und Wurzeln ... was ist da? ... das ist ein leuchtendes Violett ... das ist aber kein einfaches, direktes Strahlen ... da verschwimmen andere Farben, das wechselt, das ist irgendwie unstet wie die Oberfläche eines Sees mit leichten, flachen Wellen ... da ist ein bißchen Grün in dem Violett und ein bißchen Blau ... das wirkt sehr neptunisch, also astrologisch gesehen ... das erinnert an Paua-Muscheln ... da ist mehr als Du zeigst, Bilsenkraut ... in Deinem Herzchakra, in diesem Licht ... Erschaffst Du auch Halluzinationen und Psychosen in denen, Dich die essen? So wie die Tollkirsche, die ja auch ein Nachtschattengewächs ist? Verwirrst Du die Psyche? ... Aber das ist nicht das, was ich da noch spüre ...

Was ist das? ... das ist Weite, eben Neptun ... Du bist auch sehr alt ... Du weißt viel ... Du bist in Kontakt mit dem kollektiven Unterbewußtsein der Pflanzen ... komisch, das scheint bei Dir nicht nur das Bilsenkraut zu umfassen, sondern auch noch andere Pflanzen ... Was ist denn das? Das ist seltsam ... Wieso umfaßt Dein Bewußtsein auch noch andere Pflanzen? Du lebst doch nicht in Symbiose mit denen, oder?

Aber ich habe noch immer nicht den Kern gefunden ... da ist noch was Besonderes in diesem violett-blau-grüne changierenden, schimmerndem, nebelhaften, fließenden Licht ... was ist das? ... das hat eine Konzentration, eine Mitte ... das ist nach unten hin verankert und ist nach oben hin aktiv – naja, das könnte man ja über alle Pflanzen sagen ... na, egal – weiter: ... komisch, ich sehe schillernde Unterwasser-Paläste ... prunkvoll, leuchtend, mit vielen Ornamenten, glänzend – das wirkt alles sehr neptunisch ... bin ich da noch richtig beim Bilsenkraut oder bin ich zum Neptun gewechselt?"

Neptun: „Das Bilsenkraut ist mein Schützling."

„Oh ... was meinst Du mit 'Schützling'?"

„Es steht unter meinem Schutz, in meinem Einfluß, ist mir verwandt, hat teil an meinem Wesen, an meiner Kraft."

„Hm ... da gibt es anscheinend Zusammenhänge, über die ich noch nicht nachgedacht habe ..."

„Du nimmst das beim Bilsenkraut wahr, weil Du in Deinem Horoskop den Neptun am Aszendenten im ersten Haus stehen hast."

„Das ist plausibel, daß ich das dann am leichtesten spüren kann. Aber gehören denn dann nicht alle Nachtschattengewächse zu Dir, Neptun?"

„Ja, das tun sie – aber manche haben sich mehr von mir entfernt als andere, und *manche haben die Neptun-Eigenschaften sehr stark ausgeprägt.*"

„*Tabak macht süchtig ... das ist sehr neptunisch ... aber Paprika hat keine solche Wirkung ... und Bilsenkraut ist sehr giftig, was ja auch neptunisch ist ... Stehen denn alle Pflanzenfamilien unter dem Schutz eines Planeten?*"

„*Es gibt manche Verwandtschaften – bei den Nachtschattengewächsen und mir ist sie recht ausgeprägt. Du wirst da noch mehr finden.*"

„*Diese Verwandtschaft kann ich noch nicht so ganz einschätzen – ich habe das Gefühl, daß es da mehr gibt, als ich jetzt sehen kann ... so eine Art von systematischer, symmetrischer Struktur, die mich an das Chakrensystem erinnert ...*"

„*Wart's ab ... Du wirst es schon noch sehen ...*"

„*Möchtest Du mir noch etwas zeigen, Neptun?*"

„*Es gäbe noch viel zu zeigen, aber das hat nicht viel mit dem Bilsenkraut zu tun – schaue dort weiter.*"

„*Ja, gut ... Danke, Neptun. Vielen Dank!*"

Ich muß an den Unterwasser-Palast denken, den ich da vorhin gesehen habe ... das würde ich gerne mal malen ... oder vielleicht besser sticken, da ich dann dieses Leuchten besser darstellen kann ... mal schauen ... das hat was Faszinierendes, dieser Neptun-Palast ... naja, mit dem Neptun an meinem Aszendenten spricht mich das natürlich an ... der Palast hatte auch vorwiegend die Farben der Abalone-Muscheln ...

„*Bilsenkraut, jetzt habe ich einen Ausflug zum Neptun gemacht ... aber jetzt bin ich wieder bei Dir ... hm, das fühlt sich jetzt deutlich entspannter an, bei Dir zu sein ...*"

„*Weil ich jetzt weiß, daß Du zu meiner Sippe gehörst.*"

„*Wegen meinem Neptun-Aszendenten?*"

„*Ja – und weil ich sehe, daß Du vorsichtig und behutsam bist. Dich braucht man nicht zu fürchten.*"

„*Hm ... ja, das stimmt wohl ... mir haben schon mehrere Menschen gesagt, daß ich der einzige Mensch sei, den sie nicht fürchten ... also, das waren Menschen, die größere psychische Schwierigkeiten hatten ...*

Ich weiß gar nicht, ob ich jetzt einfach mit dem weitermachen soll, was ich bisher als nützlich herausgefunden habe oder nicht ... aber da ich nichts Besseres weiß ... Bilsenkraut, magst Du mir in Menschengestalt erscheinen?"

„*Wenn Du mich vorher mit Deinem Bewußtsein wieder verläßt ...*"

„*Ja, natürlich ...*"

Ich gehe raus aus dem Bilsenkraut.

Da steht etwas vor mir ... ist das sehr klein? ... oder ist das halb unsichtbar? ... das wäre wieder sehr neptunisch ... das ist wie eine Gestalt aus Nebelstreifen ... wie ein schimmernder Hauch ... hm, eher weiblich ... wie mit Gaze-Streifen bekleidet, aber der Stoff ist eigentlich Nebel ... die Gestalt wird größer, deutlicher ... sie sieht aus wie ein weiblicher Neptun – auch wieder mit diesen violett-grün-blauen Abalone-Farben ...

„Wer bist Du? Du siehst aus, als ob Du mehr wärst als nur das Bilsenkraut – oder als ob das Bilsenkraut nicht alles zeigen würde, was es ist ... Du weckst ein Gefühl von Ehrfurcht in mir – was das Bilsenkraut gar nicht macht ... Wer bist Du?“

„Das Wesen des Bilsenkrauts. Der Bilsenkraut-Elf.“

„Bist Du nicht auch mehr als das?“

„Ich bin das, was das Bilsenkraut ist.“

„Dann ist das Bilsenkraut mehr als es durch seine Gestalt zeigt.“

„Das kommt darauf an, wie genau man schaut.“

„Habe ich genau genug geschaut?“

„Du siehst mich ja jetzt.“

„Ich meine, sollte man nicht das Wesen einer Pflanze an ihrer Gestalt erkennen können?“

„Wenn Du genau genug schaust, schon.“

„Was habe ich denn an der Pflanze nicht gesehen?“

„Es wäre einfacher, wenn Du Dich vor eine Bilsenkraut-Pflanze setzen würdest, anstatt sie Dir nur auf einer Traumreise anzuschauen – obwohl Du auf der Traumreise auch Dinge siehst, die Du an der konkreten Pflanze nicht so leicht erkennen würdest.“

„Hm ja, das leuchtet schon ein ... aber da ist was Verborgenes ... Du bist wie die Kastanie in der Stachelschale ... oder ... oder wie vertrocknetes Heidekraut, aus dem nach einem Regen plötzlich wieder Grün sprießt und sich Blüten öffnen ... also, ich meine, daß ich von der Gestalt her eher etwa Geducktes, Verbogenes, Hinterhältiges erwarten würde und nichts so Großes, Nebelhaftes, Schönes, Ehrfurchterweckendes wie Dich ... das wundert mich, das verstehe ich noch nicht ...“

„Du schaust gerade sehr weit ins Innere.“

„Hm ... und wenn ich weniger weit ins Innere schauen würde?“

„Dann würdest Du dies sehen ...“

Ich sehe jetzt tatsächlich so etwas wie eine kleine, gebeugte, alte Frau ... hat ein bißchen Ähnlichkeit mit einer Hexe ...

„Ja, das ist eher das, was ich erwartet habe ...“

„Das ist die Zerrform meiner Gestalt ... das ist etwas Entstelltes, Gefürchtetes ...“

„Das kenne ich aus den Mythen – dort ist die Jenseitsgöttin, die sich mit den Toten vereint und sie dann im Jenseits als Seele wiedergebiert, in das Bild der schönen, ersehnten Geliebten des Helden und in das Bild der häßlichen, gefürchteten Herrin des Totenreiches zerfallen ... ist so etwas auch mit Dir passiert?“

„Nicht genau das – es ist keine Polarisierung gewesen, die die Wahrnehmung entstellt hat ... ihr schaut nur nicht tief genug ...“

„Das verstehe ich noch nicht so ganz ... warum sind da diesen beiden Bilder?“

„Schaue genau und denk nach.“

„Hm ... ich sehe Dich ... und dann ist da dieses 'Hexen-Bild' ... das Hexen-Bild ist

187

näher an der Oberfläche, näher an den Bildern der Menschen ... es ist ein Menschen-Bild aus dem Mittelalter, als die germanischen und keltischen Priesterinnen als Hexen verteufelt wurden ... die haben Dich gewiß nicht als alte, böse Frau erlebt ... hm ... wie haben die Dich gesehen? Mal schauen ...

Ich reise mal 800 Jahre zurück ... oder lieber 1200 Jahre – das ist einfacher, weil es noch vor der Zeit der Christianisierung in Mitteleuropa ist ... oder gleich nach 400 n.Chr. – ja, das ist sicherer, da gab es in Mitteleuropa noch keine Christianisierung und in Skandinavien und Dänemark gab es noch die alte, Tyr-zentrierte Religion ... o.k. ... das fühlt sich freier an ... wenn ich aus der Sicht einer damaligen Priesterin schaue ... aber wenn ich dann Dich, Bilsenkraut, betrachte, finde ich noch immer vor allem das Bild der 'giftigen Milch' ... "

„Schaue noch genauer. "

„Ah – jetzt hab ich's, glaub ich ... wenn ich auf die Kraft in dieser 'Milch' schaue, dann sehe ich Dich, also diese große Neptun-Göttin ... Du bist die Kraft hinter der Pflanze, die Kraft in der Pflanzen-Essenz, die die Menschen für ihre Zaubertränke benutzt haben ... und wie sieht dann der Bilsenkraut-Elf aus? "

„Wie die alte Frau ... "

„Hm – so ganz alt sieht sie jetzt nicht mehr aus ... eher zeitlos ... und sie sieht auf einmal kräftiger aus ... beweglicher, sie streift im Wald umher ... sie sieht viel, sie kennt viel ... sie wirkt weise ... das scheint das wieder geheilte 'Hexen-Bild' zu sein ... das hat jetzt auch nichts Verborgenes mehr ...

Sag mal, Bilsenkraut, gibt es bei Dir so ein eher komplexes Pflanzenbild, weil Du im Mittelalter mit in den Sog der Hexenverfolgungen geraten bist? "

„Ja – das ist so ähnlich wie mit dem Hexenbesen ... es war sehr verdächtig, Bilsenkraut zu sammeln und im Haus zu haben ... "

„Ja ... so kann ich das stehen lassen ... ich bin mir nicht sicher, ob ich wirklich schon ganz bis auf den Grund gekommen bin, aber das werde ich vermutlich auch erst klarer sehen können, wenn ich noch mehr Traumreisen zu anderen Pflanzen gemacht habe – insbesondere zu den anderen Nachtschattengewächsen ...

Danke, Bilsenkraut ... und Danke, Dir, Neptun-Göttin – ich nenne Dich jetzt einfach mal so, weil ich keinen anderen Namen für Dich habe ...

Bilsenkraut – magst Du mir noch zeigen, auf welche Chakren und Organe Du wirkst? "

Die Pflanze berührt mich an meinen Augen – mit ihren Blütenblättern? ... ich glaube ja ... noch etwas? ... ... Sonnengeflecht ... sekundär auch Herzchakra und Leber ... und Scheitelchakra ... Halschakra ... die Augen waren am deutlichsten und dann das Sonnengeflecht ...

„Was machst Du an diesen Stellen, Bilsenkraut? "

„Augen – Visionen; Sonnengeflecht – Hitze; Herzchakra – Tod; Leber – Verwandlung; Scheitelchakra – Götter; Halschakra – Astralreise. "

188

„Das war ja wirklich sehr kurz und präzise. Das würde ich jetzt an dieser Stelle gerne mal überprüfen und nachlesen – ist das recht?"
„Warum sollte mir das nicht recht sein?"
„Weil ich Dich so lange sitzen und warten lasse und die Traumreise verlasse?"
„Das ist ein bißchen zu menschlich gedacht ..."
„Hm ... ja ... also gut, dann schaue ich jetzt mal nach ...

Also: Große, trichterförmige, weiße Blüten mit violett-schwarzen Flecken – das habe ich richtig gesehen; Höhe stimmt, krautig, Einzelstengel oder wenige Stengel, Stacheln am Stengel, Distel-artige Blätter – stimmt auch; die Wurzel ist eine viel verzweigte Pfahlwurzel und kein Wurzel-Büschel ... na gut; und sie wächst lieber im Freien als im Wald ... dadurch vermittelt sie natürlich einen etwas anderen Eindruck ...; sie riecht durch ein Drüsensekret unangenehm – das paßt zu ihr ...; sie braucht nährstoffreiche Böden – das habe ich auch so gesehen ...

Die gesamte Pflanze ist giftig, am meisten jedoch die Wurzeln und die Beeren – das paßt zu dem, was ich über das Gift als Freßschutz vermutet habe.

Wirkung: wie vermutet hauptsächlich Alkaloide; sie bewirken eine Atemlähmung und dann den Tod – in dem Grenzbereich bewirken sie eine Astralreise; da die Giftkonzentration in der Pflanze sehr stark schwankt und die Dosis für eine Astralreise und die tödliche Dosis sehr nah beieinander liegen, sind Astralreise-Versuche mit Bilsenkraut extrem gefährlich und sind schon des öfteren mit dem Tod geendet.

Bilsenkraut führt zu Halluzinationen und Pupillenerweiterung – Hinweis auf die Augen; zu Schläfrigkeit, Herzrhythmusstörungen, Koma, Atemlähmung und schließlich zum Tod. Die Bilsenkraut-Rauschwirkung hält bis zu einer Woche lang an. Die Einnahme dieser Pflanze kann zu dauerhaftem Gedächtnisverlust und zu Verhaltensstörungen führen.

Im Mittelalter wurde das Weiße Bilsenkraut, seltener das stärkere Schwarze Bilsenkraut als Schmerzmittel bei Zahnschmerzen und Rheuma sowie als Narkosemittel bei Operationen verwendet. Bilsenkraut wurde auch gegen Asthma geräuchert. Es wurde auch zur Auflösung von Narben benutzt.

Als homöopathisches Heilmittel wird Hyoscyamus niger, also das Schwarze Bilsenkraut, bei Störungen des zentralen Nervensystems verwendet: gegen Erregungszustände, Hyperaktivtät, Tics, trockenen Husten, Schlaflosigkeit, Krämpfe, Zittern, Manie, Angstzuständen, Panikattacken, Epilepsie u.ä. Bilsenkraut ist folglich beruhigend – die Entsprechung zu dem todesähnlichen Zustand, den Bilsenkraut als Droge hervorruft.

Bilsenkraut ist die älteste bekannte indogermanische Heilpflanze. Ihr Name leitet sich von „behl" für „weiß, hell, Licht, Sonne, König, Wunder, Geister, Fantasie" ab. Von dieser Wortwurzel stammt auch der Name des mesopotamischen Sonnengottes Ba'al ab sowie der des keltischen Sonnengottes Bel/Belenus und des germanischen

Sonnengottes Beli/Baldur. Die Bedeutung „Geister" ist dadurch entstanden, daß man Geister hellsichtig als milchigweiß leuchtende Schemen wahrnehmen kann („Bettlaken-Gespenster"). „Bilse" ist also das Kraut des Sonnengottes, der immer auch der Totengott ist, da er sich des Nachts in der Unterwelt befindet. Die Bilse hilft also, die Totengeister zu sehen (Hellsehen, Visionen, Astralreise).

Bilsenkraut-Blätter sind früher auch als Gift gegen Ratten- und Mäuse verwendet worden. Bis zur Einführung des Bier-Reinheitsgebotes um 1516 waren Bilsenkraut-Samen eine beliebte Zutat von Bier, um die Rauschwirkung zu erhöhen.

So – das war ja jetzt ein längerer Ausflug in die Wirkung und in die Geschichte des Bilsenkrautes. Kannst Du mir etwas zu dem Zusammenhang zu den Sonnengöttern sagen, Bilsenkraut? Habe ich das richtig gedeutet? Dieser Zusammenhang ist zwar ethymologisch bekannt, aber wird nur selten aufgeführt ..."

„Bilsenkraut ist auch das 'Geisterkraut', weil es hilft, eine Astralreise zu machen – und die Gespenster sind die Astralkörper der Toten, die sich nach ihrem Tod nicht auflösen wollen."

„Und der Sonnen- und Totengott?"

„Dieser Zusammenhang wurde erst in den Mysterien wichtiger, als man nach effektiven Methoden gesucht hat, Nahtod-Erlebnisse herzustellen, also den Menschen zu einer Astralreise zu verhelfen."

„Hm, ja ... das sehe auch auch so ..."

„Da, wo der Sonnengott auch zu einem Mysteriengott geworden ist wie bei Mithras, Sol invictus oder Odin, wurde der Sonnengott auch mit den Jenseitsreise-Kräutern assoziiert, aber zunächst ist der Name 'Bilsenkraut' als 'Geisterkraut' entstanden."

„Das war ja jetzt recht viel ... gibt es noch etwas, was Du mir zeigen möchtest, Bilsenkraut?"

„Ja – komm in einen meiner Samen."

„In einen Deiner Samen?"

„Ja – in einen meiner Samen."

„Hm ... naja ... gut ... ... das ist dicht ... intensiv ... ich nehme fettes Öl wahr und auch ätherisches Öl und auch andere Substanzen – vermutlich die Alkaloide ..."

„Schau anders."

„Wie?"

„Auf die Qualitäten."

„O.k. ... sehr wärmend ... und da ist was, was erfüllt ... und irgendwie auflöst ... was macht das denn genau? ... komisch ... es verbindet ... das fühlt sich fast wie Lebenskraft an, aber es ist doch materiell ... was ist das? ... ätherisches Öl, Duft ... das ist wieder etwas Neptunisches ... hm ... Neptun, Poseidon, Ägir, Mannan McLir und andere Meeresgötter sind ursprünglich der Sonnengott in der nächtlichen Was-

serunterwelt gewesen ... das, was da in Deinen Samen ist, ergreift alles, macht was mit allem ... Kannst Du mir einen Tip geben, Bilsenkraut?"

„Atme."

„Äh ... ja, gut ... ... das entspannt die Lungen, den Brustraum – ach, ja, man hat ja Bilsenkraut auch gegen Asthma geräuchert ... das löst Blockaden im Brustraum auf ... ach! – Geisterkraut ... hilft das auch, die eigene Seele zu erkennen? Eine Astralreise kommt dem ja schon sehr nahe ... und bei den Mysterien geht es darum, eine Astralreise zu machen und die eigene Seele zu erkennen ... und Du bist neptunisch, weil Du hilfst, die verborgene Seite der Welt zu sehen, die Innenseite, die Lebenskraft – eben das, was leuchtet, weiß ist ... was die Indogermanen als 'bhel' bezeichnet haben – so wie sie auch die Sonne 'die Leuchtende' genannte haben: Bhel, Ba'al, Belenus, Bel, Beli, Baldur ..."

„Schau weiter! Was macht das mit Dir?"

„Gut ... es entspannt meinen Brustraum ... auch das Wunschbaum-Nebenchakra unten am Brustbein und das Thymus-Nebenchakra oben am Brustbein ... hm, stimmt das auch? ... ja, das macht es – vor allem oben beim Thymus-Nebenchakra ... das ist aber ganz entspannt, das ist kein dramatischer Vorgang ... ich muß gar nichts tun, muß mich nicht vehement zeigen ... ich bin einfach da – und andere können mich sehen oder auch nicht ... das ist gar nicht so wichtig ... ... weil das vom Brustraum und vom Herzchakra ausgeht, ist das auch ein Ruhen in sich selber, eine Selbstzufriedenheit – sehr angenehm ... nichts brauchen ...

Hm – von den Skythen und den Persern ist bekannt, daß sie in ihren Schwitzhütten Hanfsamen geräuchert haben – haben sie auch Bilsenkraut-Samen geräuchert? Das wäre eigentlich recht plausibel ... Naja, das wäre zwar interessant, genauer zu wissen, aber letztlich nicht so wichtig ...

Was macht der Bilsenkraut-Samen mit mir? ... ja, er entspannt mich ... und ich sehe mein Herzchakra wie eine Sonne leuchten – da ist wieder der Zusammenhang zu dem Sonnengott und zu den Mysterien ... und das Herzchakra ist der Tempel der Seele – da ist der Zusammenhang zu der Astralreise und zu den Geistern ... Bilsenkraut ist also anscheinend vor allem ein Selbsterkenntnis-Kraut ...

Muß man es dafür einnehmen? Oder rauchen? Wohl nicht unbedingt, auch wenn das früher so üblich war – eine Traumreise reicht auch ... Naja, das kann ich eigentlich nur für mich selber sagen, da ich eine so große Abneigung gegen jegliche Art von Drogen einschließlich Kaffee, Tabak und Alkohol habe ... ich mag sie einfach nicht und ziehe Traumreisen und ähnliches vor ... aber das sollte ich lieber nicht verallgemeinern – das muß jeder selber sehen, wie er das handhabt ... wobei die Einnahme von Bilsenkraut schnell tödlich sein kann ...

Bilsenkraut? Noch etwas?"

„Ja – gehe in meine Wurzel."

„Gut ... ... das erinnert mich an Alraunen, die ja auch Nachtschattengewächse

sind ... und Dein Gift gleicht vor allem dem des Stechapfels und der Tollkirsche, die auch zu dieser Pflanzenfamilie gehören ... aber, gut, ich wollte ja schauen ... ...

die Blüte ist wie die Seele während eines Lebens, wie der Sonnengott am Tag, wie der keltische Dagda – die Wurzel ist wie die Seele zwischen zwei Inkarnationen, wie der Sonnengott in der Nacht, wie der keltische Nuada ... da ist Ruhe, Stille, Gelassenheit, Frieden ... das ist wie eine Zen-Meditation ... nur noch Bewußtsein, das sich seiner selber bewußt ist, nur noch Seele, Tiefschlaf-Bewußtsein ... das hat eine große Selbstverständlichkeit ... das gibt nicht nur Halt, das ist der Halt selber, da braucht man keinen Halt mehr in diesem Zustand – da sind die Dinge genau das, was sie wirklich sind ... das ist unerschütterliche Identität – und das vollkommen entspannt ... nunja, das ist ja die übliche Wirkung, wenn man seiner eigenen Seele begegnet ... hm, das ist noch mehr – das ist die Wirkung, die die Anrufung der eigenen Schutzgottheit hat, also der Gottheit, die das Meer ist, von der die eigene Seele ein Tropfen ist ...

Hm, da ist wieder das, was ich vorhin als Neptun-Göttin und als Bilsenkraut-Elf gesehen habe: Seele und Schutzgottheit – Elf und Gottheit ... diese zwei Ebenen ...

Verbindest Du, Bilsenkraut, die Menschen nicht nur mit ihrer Seele, sondern auch noch mit ihrer Gottheit?"

„*Ich verbinde sie so gründlich mit ihrer Seele, daß sie gleich auch noch ihre Gottheit sehen – wenn sie sich darauf einlassen ...*"

„*Hm ... ja ... soll ich noch weiter schauen?"*

„*Komm auch noch einmal in eine meiner Blüten – dann ist es erst mal genug.*"

„*Ja, Danke ... das ist eine Einladung, das ist Freude, das ist Ekstase – die stille Form der Ekstase, die man erleben kann, wenn eine Frau und ein Mann sexuell vereint sind, aber sich nicht bewegen und einfach nur spüren, was in ihnen geschieht und aufmerksam sind ... hm, hat diese Tantra-Methode was mit Dir zu tun, Bilsenkraut?"*

„*Ich bin die Entspannung und ich bin ein Weg zur Seele ... dasselbe findest Du bei dieser Tantra-Methode – nur auf einem anderen Weg. Meine Blüte ist mein Sexualorgan ... mein Locken ... mein Genießen ...*"

„*Das war ja jetzt eine weite Reise durch die verschiedensten Bereich, Bilse ... Vielen Dank!"*

„*Bitte, solchen Besuch habe ich gerne.*"

„*Oh, danke. ... Und danke Dir, Neptun-Göttin!"*

„*Bitte.*"

„*Ho!"*

3. Salbei

Die Traumreise zum Salbei ist die erste gemeinsame Traumreise von Jule und mir, bei der wir gemeinsam in denselben Bereich gehen – daher findet sich am Anfang ein kurzes Gespräch über die Traumreisen selber.

Dies war auch die erste Traumreise zu den Heilpflanzen in meinem Heilpflanzen-Buch.

Harry: „*Zum Vorgehen ...* "

Jule: „*Mhm ...* "

Harry: „*... also ... ich mach' das in letzter Zeit so, daß ich einfach mal den Salbei innerlich anspreche und dem sage, was ich will ...* "

Jule: „*Mhm ...* "

Harry: „*... und dann guck ich, ob ich Bilder sehe oder ob irgendwas kommt ...* "

Jule: „*Mhm ...* "

Harry: „*... und ich würd' einfach mal anfangen – und wenn Du irgendwas wahrnimmst oder was siehst, dann kannst' einfach was sagen. ... Also, die Hälfte der Zeit sag' ich sowieso nichts, weil ich immer am lauschen und gucken bin.* "

Jule: „*Mhm ...* "

Harry: „*Soll'n wir einfach mal gucken, wie's wird und bei Bedarf irgendwas ändern?* " ...

Jule: „*Ja. ... Also – bei mir ist nach wie vor die Frage, wie komme ich da überhaupt hin, sowas ... also ... ich kann mir'n Salbei vorstellen ... ehm ... aber ich kann nicht differenzieren, was ich da reininterpretier' und was mir wirklich entgegenkommt.* "

Harry: „*Brauchst Du am Anfang auch nicht. ... Der erste Teil ist einfach das Aussprechen – völlig egal, woher das kommt.* "

Jule: „*O.k. ...* "

Harry: „*Weil, das ist so wie wenn ein Chemiker zwei Sachen zusammenkippt – der zieht sich seine Sicherheitskleidung an, setzt die Brille auf und kippt die mal zusammen und guckt, was passiert.* "

Jule: „*Mm ...* "

Harry: „*Dann notiert er, wie groß der Sachschaden ist, wie heiß es geworden ist und nach was es gestunken hat – und dann weiß er, was passiert, wenn er die beiden Sachen mischt und dann kann er sich überlegen ... aber erst anschließend ... das war so, das war so, das könnte ich mal anders machen ... also es gibt da die Phase, da ...* "

Jule: „*Ja, ich hab', ich hab' das Gefühl, daß ich so bei im Materiellen bleibe – das ist, was ich meine. Weißt Du, was ich ... das ist ...* "

Harry: „*Ach so – kannst Du Dir vorstellen, daß Du sozusagen von dem Salbei träumst und Dich im Traum mit dem Salbei unterhältst? ... Oder daß Du jetzt in 'n*

Märchen gehst, in dem die Pflanzen sprechen können?" ...

Jule: *„Ich kann's ja mal versuchen ... ausprobieren ..."* ...

Harry: *„O.k. ... Machen wir einfach mal ..."*

Jule: *„Ja."*

Harry: *„ ... und gucken, was so kommt."*

Jule: *„Ja."*

Harry: ein tiefer Atemzug ...

Harry: *„Hallo, Salbei ... wir würden Dich gerne besser kennenlernen ... also, ich kenne Dich als Gewürz, als Pflanze und zum Räuchern und ... hab' Dich bei mir auf dem Balkon ... und wenn Du uns etwas erzählen möchtest ... wär' das schön."*

Salbei (via Harry): *„O.k., was wollt ihr denn wissen?"*

Harry: *„Hm ... ich hab' eigentlich noch gar nichts Spezielles, was ich wissen will – ich möcht' Dich einfach kennenlernen."* ...

Salbei (via Harry): *„Dann schau."* ...

Harry: *„Ich gucke ..."* ... ...

Harry: *„Ich seh' 'ne Landschaft ... da liegen viele eckige Steine 'rum ... also wahrscheinlich eher eine Hochebene als Flachland ..."*

Jule: *„Das ist total trocken."*

Harry: *„Ja. ... Da sind Kräuter und ... ja, so ... Stachelsträucher, sag' ich mal ..."*

Jule: *„Das ist sehr silbrig."*

Harry: *„Mm ... Es riecht so'n bißchen staubig-aromatisch ... das erinnert mich ein bißchen an Südfrankreich ..."*

Jule: *„Und es ist auch windig und warm."*

Harry: *„Ja, es ist eigentlich noch trockener als die meisten Gegenden in Südfrankreich."*

Jule: *„Mm ..."*

Harry: *„'Ne Hochebene oder so."*

Jule: *„Mich erinnert das so'n bißchen an – ich war mal auf Kreta – da war das so steinig und ganz trocken."*

Harry: *„Das könnte sein – auf Kreta war ich noch nicht. Was ist ..."*

Jule: *„Obwohl – auf Kreta war das bergig und das hier ist nicht bergig."*

Harry: *„Ne – das ist so 'ne Ebene."*

Jule: *„Ja."*

Harry: *„Gut. ... Salbei?"*

Salbei (via Harry): *„Ja?"*

Harry: *„Gibt es hier einen Ort, der besonders wichtig ist oder wo wir was über Dich erfahren können?"* ... ...

Harry: *„Ich soll ein bißchen geradeaus gehen, aber nicht weit. ... ... Da ist was Komisches am Boden. Sieht aus wie'n Loch, aber das ist kein Loch. ... So ... hä? ... was ist das denn? ... So drei, vier Meter Durchmesser ... es hat sowas Glänzendes,*

Schwarzes, aber auch so ... wie so Lichtreflektionen ... Was ist das??? ... Siehst Du das, Jule?"

Jule: *„Nein."*

Harry: *„Salbei? Was ist das, was ich da sehe?"*

Salbei (via Harry): *„Das ist mein Schatten."*

Harry: *„Dein Schatten? ... Hä? ... Ich setz' mich mal davor ... ... Sehe ich da als Bild eine Wirkung von Dir, Salbei, auf Menschen?"*

Salbei (via Harry): *„So könnte man das nennen."* ...

Harry: *„Wie kann ich rausfinden, was das für 'ne Wirkung ist?"*

Salbei (via Harry): *„Indem Du hineingehst."* ...

Harry: *„Kann ich da auch wieder ... herauskommen, ohne diese Qualität mit mir mitnehmen zu müssen?"* ...

Salbei (via Harry): *„Ja."* ...

Harry: *„O.k. ... ehm ... möchtest Du da mitkommen, Jule?"*

Jule: *„Ja, ich würde gerne mit, aber ich kann das gerade nicht sehen."*

Harry: *„Ich kann Dich einfach an die Hand nehmen, dann ..."*

Jule: *„Ich geh' huckepack."*

Harry: *„Huckepack? Ja, auch ..."*

Harry nimmt auf der Traumreise Jule auf seinen Rücken.

Harry: *„Lustig, Du bist ja total leicht ..."*

Jule lacht.

Harry geht mit Jule huckepack in das Schwarze.

Harry: *„O.k. ... oh ... das ist gar kein Reingehen, das ist ... das ist auch kein Fallen ... das ist wie ... wie Schweben ... merkwürdig ... ... Ist hier irgendwas Besonderes? ... ... Es zieht irgendwas meinen Bauch, also mein Sonnengeflecht und mein Hara, so'n bißchen zusammen ... ist nur ... ist eigentlich nicht unangenehm, es ist ... fühlt sich an, wie 'ne bestimmte Form der Konzentration ... es ist'n Gefühl ... ja, irgendwie von Nüchternheit ... Salbei?"*

Salbei (via Harry): *„Ja?"*

Harry: *„Wäre es förderlich, wenn ich hier irgendwas Bestimmtes tue? Also förderlich, daß ich das verstehe?"* ...

Salbei (via Harry): *„Laß diese Schwärze mal in Dich hinein."*

Harry tut das. ... ...

Harry: *„Die erinnert mich an was! ... An 'ne Traumreise, die ich mit Jörg nach Binah gemacht hab'! Zu der Sphäre auf dem Lebensbaum ... da, wo man die Gemeinschaft aller Wesen finden kann – da sind wir durch einen langen Tunnel gegangen, bevor wir da hingekommen sind ... Hat das damit was zu tun, Salbei?"* ... ...

Salbei (via Harry): *„Schaue."* ... ...

Harry: *„Wo bist Du gerade, Jule? Nimmst Du irgendwas wahr?"* ...

Jule: *„Ich hab' das Gefühl, das es sehr dunkel um mich rum ist, aber mehr kann ich* *dazu nicht sagen.* " ... ...

Harry: *„Ich sehe wie so schemenhaft aztekische oder eher toltekische Tempelfronten ... Was macht das hier? "* ...

Salbei (via Harry): *„Schaue weiter. "* ... ...

Ein sehr tiefer Atemzug von Harry ... ...

Harry: *„Es wird ruhiger in mir. ... Das ist wie so'n Loslassen und Ankommen. ... Ein bißchen so ähnlich wie in der Schwitzhütte. "* ...

Salbei (via Harry): *„Du schaust Dir gerade die Salbei-Orte an. "*

Harry: *„Hm ... Gibt's da noch mehr davon? ... ... Ich sehe Prärie ... komischerweise hab' ich das Gefühl, ich rieche Büffel, obwohl ich ja nun wirklich keine Ahnung habe, wie Büffel riechen ... Sind diese Bilder das Wesentliche, Salbei? "*

Salbei (via Harry): *„Nein. "*

Harry: *„Wie finden wir das Wesentliche? "*

Harry: *Ein sehr tiefer Seufzer ...*

Salbei (via Harry): *„Laßt los. "* ... ...

Harry: *Noch ein sehr tiefer Seufzer ...* ... ...

Harry: *„Ich rieche Salbei ... der Duft ... ja, irgendwie fängt der an, mich auszufüllen ... nicht ganz – hauptsächlich die Atemwege, aber ... das geht drüber hinaus ... ... "*

Harry: Noch ein tiefer Seufzer ... ... und noch ein weiterer tiefer Seufzer ... ...

Harry: *„Soll ich weiter einfach loslassen, Salbei? "* ...

Salbei (via Harry): *„Was spürst Du? "* ...

Harry: *„Ruhe, Gelassenheit ... ... das hat so was Aufgeräumtes irgendwie ... "*

Jule: *„Im Kopf aufgeräumt. "*

Harry: *„Ja. ... Die Dinge sind an ihrem Platz, sie sind nicht alle erledigt, aber ... die sind da nur ... "*

Jule: *„ ... oder geputzt. "*

Harry: *„Geputzt ... ja, mm ... "* ... ...

Harry: Ein tiefer Atemzug durch die Nase ... ... und noch ein tiefer Atemzug durch die Nase ...

Harry: *„Hm ... sagt man deshalb, daß Salbei reinigt? "* ...

Salbei (via Harry): *„Du siehst es ja ... "* ... ...

Harry: Noch ein tiefer Atemzug und wieder auffälligerweise durch die Nase ...

Harry: *„Ich merk' die Wirkung gerad' am deutlichsten zwischen dem Gaumenchakra und dem Dritten Auge ... als würde sich da Kraft sammeln ... "*

Jule: *„Kalte Kraft, find' ich – also bei mir ist es kalt. "* ...

Harry: *„Jaa ... "*

Jule: *„Das ist so frisch. "*

Harry: *„Frisch, ja – ist keine heiße Kraft ... Was macht diese Kraft da, Salbei? "* ...

Salbei (via Harry): „*Schau doch einfach.*" … … …

Harry: Ein sehr tiefer Seufzer – diesmal durch den Mund … … …   … … …   …
… …

Harry: „*Die verbindet was in mir … die gibt meinen Vorstellungen und Konzepten und Absichten in meinem Dritten Auge, die gibt dem irgendwie Wurzeln … die holt das wie auf den Boden, also … auf freundliche Weise … so als könnt' ich dann viel besser sehen … was eigentlich wichtig ist … ja … … … und das reicht bis in den Brustraum … ich weiß nicht, ob bis zum Herzchakra, aber bis in den Brustraum jedenfalls … aber der Hauptpunkt ist da unter dem Sonnengeflecht … äh – unter dem Dritten Auge, meine ich … … …*"

Harry: Ein ziemlich schneller und sehr tiefer Atemzug … … …   … … …   … …
…

Harry: „*Ich muß immer wieder lächeln, ich weiß gar nicht wieso eigentlich, aber … so … es ist wie so grundlose Freude da … irgendwie kommt das durch das, was der Salbei da macht in dem … ja, unter dem Dritten Auge … … …*"

Harry: Noch ein tiefes Einatmen durch die Nase, das dann in ein herzhaftes Gähnen übergeht … dieses 'differenzierte tiefe Atmen und Seufzen' ist bisher auf anderen Traumreisen nicht vorgekommen. … … …   … … …   … … …

Harry: „*Sag', Salbei, hatte diese felsige, trockene Ebene was mit verkopften Vorstellungen zu tun?*"

Salbei (via Harry): „*Guck lieber – die Frage ist verkopft.*" …

Harry: „*Ja, gut.*" … … …   … … …   … … …

Harry: „*Was ist bei Dir, Jule?*"

Jule: „*Ich glaub', das ist seine liebste Heimat.*"

Harry: „*Diese Stelle?*"

Jule: „*Mhm.*" … … …

Harry: „*Bei mir fängt das da richtig an zu arbeiten. … Also, ein bißchen so, als würde da was durchgeknetet oder hin- und hergeschoben … … …*"

Harry: Ein tiefer Atemzug durch die Nase …

Jule: „*In Deinem Kopf?*"

Harry: „*Wie bitte?*"

Jule: „*In Deinem Kopf?*"

Harry: „*Ja, diese Stelle da …*"

Jule: „*Ja.*"

Harry: „*… unter dem Dritten Auge, in diesem Raum.*"

Jule: „*Ja.*"

Harry: „*Da sind wie so Bewegungen zu merken.*"

Jule. „*Ja.*" … … …

Harry: *Wieder ein sehr tiefer Atemzug durch die Nase …* … …   … … …   … … …

Jule: „*Also für mich fühlt sich das an, als ob das die ganzen Nebenhöhlen sind, ich hab' so'n Bewußtsein von meinen Nebenhöhlen im Kopf ...*"

Harry: „*Mhm.*"

Jule: „*... alles, was so im Gaumen und in der Stirn ... ehm ... an Luftraum ist.*"

Jule: Ein langes Ausatmen ...

Harry: „*Ja ...*" ...

Jule: „*Das ist so ganz frei.*" ...

Harry: „*Ich merke inzwischen auch das Dritte Auge selber ... also, diesen angenehmen Druck, der da manchmal anfangs* (beim Meditieren) *entsteht.*" ... ...

Harry: Wieder ein tiefer Atemzug durch die Nase ... ... und noch ein tiefer Atemzug durch die Nase ... ...

Harry: „*Ich fühl' da ein Pulsieren – und das ist genau zwei Herzschläge lang ... also nicht derselbe Rhythmus wie mein Herzschlag, sondern wie zwei Herzschläge* (d.h. halb so schnell).*"* ... ...

Harry: Ein tiefer Atemzug durch die Nase ... ...

Harry: „*Soll ich weiter schauen, Salbei? Oder kann ich Dich etwas fragen?*"

Salbei (via Harry): „*Frag' ruhig.*" ...

Harry: „*Gibt es etwas ... ja ... was Du mir persönlich sagen oder zeigen magst, also was ... für mich persönlich gerade förderlich, hilfreich, genußreich oder so ist?*" ...

Salbei (via Harry): „*Schau.*" ... ...

Harry: „*Ich sehe eine ganz kleine, blaue Lichtkugel, also die ist ... winzig ... die schwebt da vor mir ... so ... ja, ich glaube, auf Halshöhe ... vielleicht Kinnhöhe ... so, ja ... ich kann die Entfernung schlecht erkennen ... zwei, drei Meter vielleicht ... Was willst Du, Lichtkugel?*"

Lichtkugel: „*Schau auf mich.*" ... ...

Harry: „*Du bist zwar 'ne Lichtkugel, aber Du kommst mir vor wie ... konzentrierter Salbeiduft ... die Kugel kommt immer näher und wird größer ...*" ... ...

Harry: Ein tiefer Atemzug durch den Mund ...

Harry: „*Die ist jetzt fast kopfgroß und kurz vor meinem Hals und Kinn ... ... Soll ich irgendwas tun, Kugel?*" ...

Kugel: „*Kommt drauf an, wie mutig Du bist.*"

Harry: „*Ehm ... ja, gut ... und wenn ich mutig bin?*"

Kugel: „*Dann springst Du in mich hinein.*"

Harry: „*Hm ... willst Du mitkommen, Jule?*" ...

Jule: „*Ja.*"

Harry: „*Wieder huckepack?*"

Jule: „*Ja, das war gut.*" ...

Harry: „*O.k. ... dann spring' ich jetzt ... ... Es ist ganz hell hier ... da ist wie ... ja, wie hoch oben in der Luft unter dem Himmel zu ... schweben? fliegen? ... ich weiß gar nicht, ich bin halt da oben ... ich weiß auch gar nicht genau, ob da unten irgendwo Erde ist ... ...*"

198

Harry: Ein tiefer Seufzer durch den Mund …

Harry: *„Es ist hell hier … und es ist weit … und es ist ganz viel Raum … … … es ist'n Gefühl wie es Vögel haben, also jetzt nicht daß ich da jetzt Federn am Rücken hab' oder so, aber so wie … Flügel haben …"*

Harry: Ein ganz tiefer Seufzer durch die Nase … … …

Harry: *„Das ist, als wenn ich in dem Dunklen eben auf dem Boden angekommen bin, so in der Geborgenheit, und hier … ja, wo vor allem Freiheit ist … … … Hm, das erinnert mich an die Traumreise mit Jörg nach Chokmah – gegenüber von Binah auf dem Lebensbaum … das ist alles nicht so heftig wie damals, viel friedlicher … aber die Grundstimmung ist dieselbe …"*

Harry: Noch ein Seufzer mit offenem Mund …

Harry: *„Was ist bei Dir, Jule?"* …

Jule: *„Also, nachdem wir gesprungen sind … also, nachdem Du gesprungen, rein-gesprungen bist … hatte ich'n ganz dollen Sog – also 'Sog' ist nicht so ganz das richtige Wort, aber es war wie so'n Tunnel … wenn man … wann man sich so beim … wenn das Wasser aus der Badewanne abfließt und sich da so'n … so'n, so'n Sog-Kreis entsteht – wie heißt das?"*

Harry: *„Strudel."*

Jule: *„Ja, Strudel – aber das ging nach oben …"*

Harry: *„Ah …"*

Jule: *„Da war ich drin, aber ich hab' mich überhaupt nicht geschleudert gefühlt, sondern, auch nicht katapultiert, sondern so … bin mitgeflogen … aber so, so'n bißchen … schon sehr schnell …"*

Harry: *„Mhm …"*

Jule: *„Und, und, ehm … das ging nach oben und war hell, aber es war nicht 'ne Ebene, wie Du das beschreibst … als Du dann gesagt hast, Du bist auf 'ner Ebene, da … ehm, hat das dann aufgehört. Und dann wußte ich nicht mehr, seitdem weiß ich nicht mehr, bin ich so'n bißchen nicht irgendwo."*

Harry: *„Mhm …"*

Jule: *„Aber das war ganz doll, das war eben so'n Sog … Sog hört sich so an, als ob ich da gesogen wurde – ich bin da einfach durchgeflogen …"*

Harry: *„Nein … (das habe ich auch so verstanden) … ich würde da auch gern mal langfliegen … und zu Dir kommen – ist das recht?"*

Jule: *„Ja."* …

Harry: *„Da bin ich schon … … … hm …"*

Jule: *„Aber dann hab' ich irgendwie mein' Weg verloren. Du hast gesagt, Du bist auf 'ner Ebene und dann … ehm …"*

Harry: *„Komisch, ich kann mich gar nicht daran erinnern, was von 'ner Ebene ge-sagt zu haben."*

Jule: *„Du hast gesagt, es ist hell und Du bist auf einer Ebene, aber Du bist in der*

Luft."

Harry: *"Ach so! Ja."*

Jule: *"Hab' ich zumindestens so verstanden."* ...

Harry: *"Soll'n wir diesen Strudel bitten, daß er uns weiter dahin mitnimmt, wo er ... ja, wo er ursprünglich Dich hinbringen wollte?"*

Jule: *"Mhm ... ja ..."*

Harry: *"Mhm ..."* ... ...

Harry: Ein sehr tiefer Atemzug durch die Nase ... ... und noch ein tiefer Atemzug durch die Nase ... ...

Jule: *"Ich bin bißchen ... gerade ... ich fühl mich abgelenkt ..."*

Harry: *"Was war das letzte, was Du wahrgenommen hast? ... Oder was hast Du wahrgenommen?"*

Jule: *"Also, das ist total blitzhell ..."*

Harry: *"Das seh' ich auch."*

Jule: *"Ganz, ganz hell und, ehm ... aber mein Körper fühlt sich jetzt schon seit längerem so kalt, daß ich immer wieder, also in mein Körper reinkomme, und das lenkt mich ab; mir ist eiskalt, ich glaub' ich muß mal pinkeln ..."*

Harry: *"Wie?"*

Jule: *"Ich glaub' ich muß mal auf Toilette."*

Harry: *"Ach so."*

Jule: *"Ich komm' sofort."*

Jule geht.

Harry: *"Ich kenne diese Sphäre auch vom Lebensbaum, von Kether – von ganz oben, die halt Gott darstellt ... also, dieses weiße Licht, da ist dies Schweben am Himmel, das ist dieser Bereich der Expansion in Chokmah ... und das Dunkle ist Binah, diese Geborgenheit ... aber das ist vom Salbei aus gesehen ... alles viel ... sanfter, milder, weicher ... als wenn man da Traumreisen auf dem kabbalistischen Lebensbaum macht ... Das erinnert mich daran, daß man zum König gesalbt wird, also ... klingt ja nach 'Salbei' ... und ein König reist bei seiner Krönung symbolisch zu Gott ..."*

Harry: Ein tiefer Seufzer durch die Nase ... ...

Jule ist wieder da.

Harry: *"Was ist jetzt förderlich zu tun, Salbei?"* ...

Salbei (via Harry): *"Nichts Spezielles – genießen ..."* ... ...

Harry: *"Wenn ich in diesem weißen Licht bin, dann ... muß ich nur die ganze Zeit lächeln, weil das so angenehm ist."* ... ...

Harry: Ein tiefer Seufzer durch die Nase ... ...

Harry: *"Möchtest Du, Jule, den Salbei auch etwas fragen?"* ... ...

Harry: Ein tiefer Seufzer durch die Nase ... ...

Jule: *"Ich muß noch wieder reinkommen, ich bin noch nicht angekommen; ich bin zu doll im Kopf gerade.*"

Harry: *„Soll ich Dich ... dahin wieder zurückholen?*" ... ...

Jule: *„Ja.*" ... ...

Harry: *„O.k. ... ich seh' Dich jetzt rechts neben mir ...*" ... ...

Harry: Ein tiefer Seufzer durch die Nase ... ... noch ein tiefer Seufzer durch die Nase ... ...

Jule: *„Ich möchte den Salbei noch was fragen, aber ich weiß nicht was, und irgendwie traue ich mich auch nicht.*" ...

Harry: *„Hm ... Du kannst auch einfach dem Salbei sagen, er soll schauen, was Diene Frage ist und Dir dann Die Antwort geben. Geht das?*" ...

Jule: *„Ja.*" ... ...

Harry: Ein tiefer Atemzug durch die Nase ... ...

Jule: *„Ich hab' irgendwie das Gefühl, das geht wieder in sowas, sowas Dunkles, Höhliges reingeht.*" ...

Harry: *„Mm ... ... soll ich mitkommen?*" ...

Jule: *„Ja.*"

Harry: *„O.k. ... ... Wenn Du magst, kannst Du fragen, wo hier das Wichtigste ist.*" ... ...

Jule: *„Ich weiß nicht, was das jetzt damit zu tun hat, aber ich hab' einfach das Gefühl, so ähnlich wie'n Vogelnest, nur größer.*"

Harry lacht leise vor sich hin ...

Jule: *„Und ich bin da einfach so drin ... eingerollt, irgendwie.*"

Harry: *„Ja.*"

Jule: *„Das ist ganz gemütlich.*"

Harry: Ich hab' auch so was wie'n Nest gesehn'; ich hatte das Gefühl, dieses Nest – ich hatte das Gefühl, das ist am Boden."

Jule: *„Mm, das geht ein bißchen in den Boden rein ...*"

Harry: *„Ja.*"

Jule: *„... aber nicht wie 'ne Höhle ...*"

Harry: *„Nein, nene, das nicht.*"

Jule: *„... eher so wie 'ne Mulde im Wald oder so was.*"

Harry: *„Und dieses Nest, das hat so stellenweise was Schimmerndes oder ... als würde das so'n bißchen leuchten oder so ...*" ... ...

Jule: *„Das ist einfach ein gemütlicher Platz.*"

Harry lacht leise vor sich hin ...

Harry: *„Ja, ich sitz' da daneben im Schneidersitz, so ... schaue, wie Du da so liegst ... ich glaube, es paßt besser, wenn ich mich auch da hinlege ... ... Der Salbei hat mich gefragt, ob ich auch ein Nest haben will ... ja ... jetzt hab' ich auch eins ... ...*"

Jule: *„Ich fühl' mich ganz sicher da drin, das ist ganz gemütlich und ganz geschützt.*"

Harry: „*Mm ...* “ ...

Jule: „*Und so ganz getragen ... ... und weich ...* “

Harry: „*Ja, ist kein Nest aus Ästen, ne ...* “

Jule: „*Ist ganz weich ...* “

Harry: „*Ganz weich ...* “

Jule: „*Eher Moos ... ... Mmm ... ...* “

Harry: „*Gibt es noch was, Salbei, was Du mir oder uns zeigen möchtest?* “

Salbei (via Harry): „*Was brauchst Du denn noch?* “

Harry: „*Brauchen tu ich eigentlich nichts ... aber vielleicht gibt es ja noch etwas ... ... Ich hab' das Gefühl, da ist noch was, aber das steht jetzt nicht an.* “

Salbei (via Harry): „*So ist es.* “ ...

Harry: „*Ja, gut.* “ ...

Harry: Noch mal ein tiefer Atemzug durch die Nase ... ...

Harry: „*Ich glaube, ich könnte jetzt wieder zurückkehren.* “

Jule: „*Mhm.* “

Harry: „*Du auch?* “ ...

Jule: „*Ja.* “

Harry: „*O.k. Dann geh' ich jetzt wieder aus der Traumreise raus. ... Danke, Salbei.* “

Jule: „*Ja, Danke.* “

Salbei (via Harry): „*Bitteschön.* “

Harry: „*Ho!* “

Das Nest war wieder dieses Binah-Gefühl.

IX Traumreisen zum Lebensbaum

Man kann auch zu den verschiedenen Orten auf dem Lebensbaum reisen, um sie besser kennenzulernen und ihre Qualität zu erleben. Im Folgenden sind drei Beispiele für solche Reisen aufgeführt.

1. Tiphareth, Geburah und Chesed

Die folgende Vision stammt von einer Reise von Jörg und mir, die wir unternommen haben, weil ich zu dem Schluß gekommen war, daß ich, um in meinem Leben zurechtkommen zu können, wissen müßte, warum ich mich, d.h. warum sich meine Seele eigentlich entschlossen hat, dieses Leben zu leben und so'n Harry zu werden.

Die Traumreise begann damit, daß ich in meiner Erinnerung erst in Fünf-jahresschritten und dann in Jahresschritten Richtung Geburt zurückgekehrt bin und dabei Jörg gesagt habe, wo ich gerade bin. Da ich mich bereits an meine Geburt erinnern konnte, war der Weg bis dahin recht einfach. Jörg hatte in diesem Teil der gemeinsamen Traumreise nur vereinzelte, flüchtige Bilder von meinem Leben und fühlte sich eher außen vor.

Zunächst war die Wahrnehmung aus der Zeit vor meiner Geburt so, wie man sich sie auch vorstellen würde: gedämpftes Licht, warm, schwerelos, kein eigenes Atmen, Essen oder Trinken – eher Ruhen und Warten. Beim Erreichen des Zeitpunktes von 4 Wochen nach der Zeugung änderte sich die Wahrnehmung: ich war ein Bewußtsein und eine Wahrnehmung, das eine Kugel bildete und über den Leib meiner Mutter ca. 10cm hinausragte. Bei 3 Wochen nach der Zeugung war diese Kugel deutlich größer (Durchmesser ca. 1,5 m) und die Kugel schien um ihren Mittelpunkt zu kreisen, der im Leib meiner Mutter verankert war. Bei 2 Wochen nach meiner Zeugung war diese Kugel noch größer (Durchmesser ca. 4m) und mein Bewußtsein befand sich wie eine Kugel innerhalb dieser Kugel auf einer Umlaufbahn, wodurch sich eine Art Wirbel ergab. 1 Woche nach meiner Zeugung war dieser Zustand in etwa gleich, nur fühlte sich die Verankerung noch sehr lose an. Zum Zeitpunkt meiner Zeugung befand ich mich in der Nähe meiner Eltern und konnte ihre Gefühle wahrnehmen. Ich habe mich kurz gefragt, ob das jetzt indiskret ist, aber da ich ja in gewisser Weise die Haupt-person bei diesem Ereignis war, beschloß ich, daß das so o.k. ist.

Als ich nun vor meine Zeugung zurückkehrte, sah ich meine Seele in sich versunken in einer schweren, ernsten, fast gedrückten Stimmung und ich habe mich gefragt, ob sich alle Seelen kurz vor der Zeugung ihres zukünftigen Körpers so fühlen. Ich hatte das Gefühl, daß Jörg nun neben mich kommen könnte, da ich mich nun außerhalb meiner Erinnerungen als Harry befand und wir nun in dem gewohnten Bereich der Traumreise waren.

Ich frug Jörg danach und als er einverstanden war, sandte ich einen Lichtstrahl von mir zu ihm, um den Weg zu mir zu markieren. Als der Lichtstrahl bei ihm ankam, hatte ich das Gefühl, ich solle ihm entlang des Lichtstrahles meine Hand reichen (nur in der Vision, nicht mit meiner materiellen Hand) und ihn zu mir herüberziehen. Bei dem Herübergezogenwerden hatte Jörg das Gefühl, durch mehrere Seiten des Ägyptischen Totenbuches gezogen zu werden.

Als er dann neben mir war, betrachteten wir wir die Seele und Jörg wies mich darauf hin, daß die Seele hier vor einem Platz sitzt, der wie eine Arena wirkt.

Auf unsere Fragen an die Arena nach ihrem Wesen erhielt Jörg die Antwort „Vorbereitung" und ich „Platz des Schweigens" – also ein Platz der schweigenden Vorbereitung der Seele(-n?) auf ihre nächste Inkarnation.

Auf meine Frage an den Platz des Schweigens, wo ich Informationen über meinen Entschluß zu diesem Leben erhalten könnte, wurde ich von ihm zu einem Ort weit hinter mir verwiesen.

Jörg und ich drehten uns um und flogen dorthin. Ich sah eine große runde Kugel, deren Oberfläche große Schlieren hatte, wie von einer langsamfließenden Flüssigkeit.

„Apatschenträne", sagte Jörg (=Rauchobsidian).

„Paßt gut," entgegnete ich, „ in der Steinheilkunde ist der Rauchobsidian der Stein, der einen zu dem zurückbringt, was man ursprünglich einmal gewollt hat. Und die Schlieren in der Kugeloberfläche haben wirklich Ähnlichkeit mit der fließenden Lava, aus der der Rauchobsidian ja entsteht. – Schau mal, da ist ein Raum innen in der Kugel und eine Art Sitz. Ich gehe mal hinein."

„Ich bleibe draußen – der Ort ist nicht für mich zugelassen."

„Ja, das fühle ich auch so."

Auf dem Sitz fühlte ich wieder die Schwere im „Gemüt" der Seele, die ich in ihr auch schon an dem Platz des Schweigens gespürt hatte. Als ich mich mit meiner Seele vereint hatte und dort in der Kugel auf dem Sitz saß, konnte ich mein Bewußtsein nur nach vorne auf die kommende Inkarnation richten – offenbar war meine Seele hier ausschließlich mit dem Entschluß für diese Inkarnation beschäftigt. Es gelang mir nicht, konkretere Informationen von ihr über den Grund für dieses kommende (mein jetziges) Leben zu erhalten. Auf meine Frage an meine Seele erschien aber links hinter mir eine Art von Lichtstrahlen, die zu der von mir erwünschten Information hinwiesen.

„Wir müssen noch weiter, Jörg, hier gibt es die Informationen noch nicht."

Wir flogen auf die Quelle dieses Lichtes zu und waren überrascht, ein riesiges, weißstrahlendes Gebäude zu sehen, in dem und vor dem es nur so von ebenfalls weißstrahlenden Menschen wimmelte. Das turmartige Gebäude war weit größer, als *alles, was es bisher an von Menschen errichteten Gebäuden gibt.*

Als wir das Gebäude betreten wollten, spürten wir, daß das für uns verboten ist.

„Nur Tote dürfen das Haus betreten,“ sagte Jörg, „es sei denn, man erfüllt bestimmte Bedingungen.“

„Welche Bedingungen?“

„Weiß ich nicht.“

„Wen sollen wir fragen? Den Pförtner des Hauses?“

„Ja, das habe ich auch gerade gedacht.“

Vor dem Pförtner-Fenster war ein großes Menschengedränge und es dauerte eine Weile, bis ich zu dem Fenster gelangte und dem Pförtner meine Frage stellen konnte.

„Die Bedingung ist, daß jeder Lebende, der den Grund für seine Inkarnation erfährt, seiner Wahrheit folgen muß.“

Als ich Jörg diese Antwort mitteilte, stimmte er mir zu. „Ich habe als Antwort erhalten, daß nach dem Betreten dieses Hauses die Rest-Freiheit, die man aufgrund seiner Unwissenheit hat, verschwindet und man an seinen Entschluß gebunden ist.“

Nach kurzem Überlegen beschloß ich, diese Bedingung anzunehmen und teilte dies dem Pförtner mit, woraufhin ich in das Haus eintreten konnte. Jörg sagte mir, er müsse außen bleiben, könne aber in das Haus hineinsehen, da wir auf unserer früheren Chesed-Reise schon einmal in diesem Gebäude, das damals etwas anders ausgesehen hatte, gewesen sind.

„Es ist schon seltsam, wieviele 'Tote' es gibt – das macht man sich normalerweise gar nicht so klar ... und sie sehen lebendiger aus als die Lebenden,“ meinte Jörg.

In dem Gebäude waren ebenfalls sehr viele weißstrahlende Menschen. Ich wünschte mich in dem Gebäude an den richtigen Ort und gelangte in einen großen, hohen, länglichen Raum, der an eine gotische Kirche erinnerte. In diesem Raum befand sich im mittleren Drittel (von der Höhe her gesehen) sehr viel Angst.

Als ich die Stirnwand des Raumes betrachtete, erschien dort ein großes Bild, wodurch der Raum wie ein Kino wirkte. Auf der Leinwand sah ich eine Landschaft vorbeiziehen, die mir bekannt vorkam. Dann kam eine Szene, in der ich meinen Tod in einem meiner früheren Leben, von dem ich bereits einige Visionen gehabt hatte, sehen konnte.

„Schau mal an die Wände,“ sagte Jörg, „dort sind Gesichter.“

Als ich an den Seitenwänden emporblickte, sah ich auch diese Gesichter und ich erkannte sie als meine früheren Inkarnationen, die ich z.T. auf früheren Traumreisen schon gesehen hatte.

Als ich sie betrachtete und dachte, wieviel Angst hier nur ist, korrigierte mich eines der Gesichter: „Angst, Gier und Haß!“

Etwas ratlos schaute ich mich um.

„Dieser Raum ist nicht nur ein 'Kino', sondern auch eine Bibliothek,“ meinte Jörg.

Als ich überlegte, wo ich in diesem Raum die Informationen über die Absicht meiner Seele für mein jetziges Leben finden könnte, spürte ich vorne über dem Raum ein großes, helles, weißes Licht, das auch Jörg im oberen Drittel des Gebäudes strahlen sehen konnte und dessen Namen ich spontan als 'Weisheit' erkannte. Das Sprechen mit diesem Licht war sehr einfach und die Antworten kamen sehr klar. Ich wünschte mich hinüber zu dem Licht.

Von außen betrachtet wirkte es fast endlos, von innen her (als ich mich mit dem Licht verbunden hatte), waren seine Grenzen deutlich zu erkennen. Es hatte keine innere Struktur, lediglich diese äußere Grenze, die man aber von außen her fast nicht erkennen konnte.

Ich meinte zu Jörg: „Ich glaube dieses Licht ist die Höchste Form, die ein Lebewesen annehmen kann, das noch abgegrenzt ist."

Als ich dieses Licht nach der gewünschten Information fragte, zeigte es mir eine Stelle an der Wand des Raumes, in dem sich das Licht befand.

„Dahinter liegt das Wissen, die Kenntnis Deines ganzen Lebens."

„Wenn ich die Absicht für mein jetziges Leben erfahren will, bedeutet das, daß ich den gesamten Verlauf meines jetzigen Lebens erfahren werde?"

„Ja."

„Mmh, ich glaube, ich überlege mir das noch eine Weile – das möchte ich lieber nicht überstürzen."

Ich bedankte mich und ging wieder hinaus zu Jörg.

„Den gesamte Verlauf meines Lebens zu kennen ist ja schon recht merkwürdig – das verändert vollständig die Perspektive."

„Ja, dann verschwindet die Freiheit, so wie der Pförtner es gesagt hat."

„Sie verschiebt sich eher von der Ebene meiner Psyche auf die Ebene meiner Seele."

„Aus der scheinbaren Freiheit oder begrenzten Freiheit während des Lebens wird dann die Freiheit des Entschlusses zu diesem Leben."

„Nun, dazu paßt es auch, daß man durch diese Kenntnis zur Treue zur eigenen Wahrheit verpflichtet wird."

„Gibt es hier noch etwas Wichtiges zu tun, bevor wir zurückkehren? – Ich glaube, da vorne links ist etwas, wo wir noch einmal hinsollten."

Wir kamen zu einem Art Teich oder Brunnen, der von einer gut kniehohen Mauer umgeben war und in dessen Mitte sich eine weitere kleine, kreisrunde Mauer befand.

„Wie heißt der Ort?"

„Ich bekomme als Antwort 'See der Erinnerungen'."

„Was sollen wir hier?"

„Die Hand hineinhalten oder davon trinken."

„Eine Münze hineinwerfen."

„Es scheint also um eine symbolische Kontaktaufnahme zu gehen. Und es scheint wichtig zu sein, daß nicht nur einer von uns, sondern wir beide den Kontakt *aufnehmen.“*

Also beugten wir uns beide über das Wasser und nahmen Kontakt auf. Ich sah einen Drachen im chinesischen Stil und Jörg Kriegsszenen. Als wir uns darüber austauschten, wechselten die beiden Szenerien zwischen uns.

„Da es für uns beide wichtig zu sein scheint, laß uns hineingehen.“

„Na, gut.“

Die Szene wurde sofort deutlicher und wir standen vor einem Drachen, der uns in sein Feuer hüllte.

„Das Feuer bedeutet einen Segen mit Stärke, Jörg.“

Ich legte eine Hand auf die Schuppen des Drachen und fühlte die glattgescheuerte, glänzende Hornschuppe und die länglichen Erhöhungen und Grate auf ihr und sagte verwundert: „Komisch, ich habe noch nie einen Drachen angefaßt.“

Dann mußte ich fast lachen, als mir bewußt wurde, was ich da gesagt hatte.

Nach einer Weile kehrten wir dann nach oben vor den Brunnen zurück. Dort spürten wir, daß es wichtig ist, in diesem Fall genau denselben Weg zurückzukehren, den wir gekommen waren. Was wir dann auch taten.

Der Platz des Schweigens in dieser Vision ist Tiphareth, die Kugel aus Rauchobsidian Geburah und das große Gebäude Chesed.

Die Weisheit in Chesed war offenbar die Anwesenheit der Chokmah-Gottheit in der Mitte von Chesed, aus der heraus meine Seele entstanden ist.

Die Akasha-Chronik, der Saal der Erinnerungen an die früheren Inkarnationen ist eine detailreiche Variante des Erlebnisses, das bisweilen bei der Reise zur Mitte auftritt: Die Personen, die ihre eigene Seele gefunden haben, gehen manchmal noch weiter bis sie zu einem Kreis von Menschen kommen, die dieser Person wie Brüder und Schwestern erscheinen – wobei den Traumreisenden nur in den seltensten Fällen sofort deutlich wird, daß dies ihre eigenen Gestalten in früheren Inkarnationen sind.

Der Brunnen ist der Beginn des Pfades zwischen Chesed und Geburah.

Der Drache ist die Essenz Geburahs.

Die „Blase“, in der man sich während einer Inkarnation befindet, besteht aus der „Substanz“ des Grabens bzw. ist die Grenze des Grabens, durch die man von der Seite der Seele aus mühelos hindurchblicken kann, da sie von dem Seelenbereich aus durchsichtig ist, während diese Grenze von der Psyche aus undurchsichtig erscheint, solange man seine eigene Psyche noch wieder weitestgehend harmonisiert und geheilt hat. Dies führt dazu, daß zwar die Seele alle ihre bisherigen Inkarnationen sehen kann, aber das Bewußtsein innerhalb einer einzelnen Inkarnation zunächst nicht die eigene Seele erkennt und auch nicht ihre früheren Inkarnationen sieht. Diese Undurchsichtigkeit des Graben von unten nach oben besteht zur Zeit der Geburt noch nicht so ausgeprägt – sie nimmt aber im Laufe des Lebens in der Regel durch die vielen, meist unverdauten Erlebnisse ständig zu. Daher können sich manche Kinder noch an frühere Leben erinnern. Diese Fähigkeit endet in der Regel ungefähr im Alter von fünf Jahren.

Die innere Stimme, die manchmal sehr deutlich zu einem sprechen kann und meist die zentralen Hinweise im eigenen Leben gibt, kommt vermutlich hier von Chesed von dem Licht der Weisheit, das sozusagen an den wesentlichen Punkten im Leben unterstützende Regieanweisungen für das normale Wachbewußtsein in Malkuth gibt.

2. Der Pfad von Tiphareth nach Binah

Das Tor in Tiphareth, hinter dem der 18. Pfad beginnt, öffnet sich für ins eine dunkle, finstere Höhle, in einen langen, schwarzen Gang. Wir tasten uns hindurch bis es schließlich heller wird und wir bemerken, daß wir garnicht mehr in einem Höhlengang laufen, sondern daß über uns der (mondlose) Sternenhimmel zu sehen ist. Schließlich erreichen wir eine Ebene, wo wir viele Menschen sehen. Wir gehen schweigend weiter, bis uns auffällt, wie freundlich uns alle diese Menschen ansehen und daß sie uns begrüßen. Uns fällt auf, daß wir noch eine Mauer in uns tragen, durch die wir alle diese Menschen von uns fernhalten. Bei dieser Erkenntnis beginnt sich diese Abgrenzung aufzulösen und wir und die Menschen umarmen uns. Es ist wie heimkommen, wie alte Freunde wiederfinden.

In der Ebene ist ein großer runder Platz wie ein flaches Tal oder wie ein Amphitheater. In ihm sind lauter flache, weiße Steine in konzentrischen Kreisen aufgestellt, auf denen schon viele Menschen sitzen - aber es sind auch noch viele Plätze frei. Wir und die Menschen, die uns auf dem Weg hierher begegnet sind, setzen uns. Ich sehe in der Ferne eine Bergkette und ich weiß, daß dort das Tor von diesem Pfad aus nach Binah hinein ist. In der Mitte des Tales, im Zentrum der konzentrischen Steinkreise ist ein weißer Lichtstrahl, der von oben her herabkommt. Ab und zu geht einer der Menschen in die Mitte und stellt sich in diesen Lichtstrahl. Schließlich stehe auch ich auf und gehe zur Mitte und stelle mich in den Strahl. Liebe und Frieden und ein Lächeln durchströmt mich und ich weiß, daß ich dieses Gefühl nie mehr vergessen werde, daß ich nie mehr wirklich einsam sein kann, weil ich nun erlebt habe, daß ich ein Teil der Welt bin. Nach einer Weile gehe ich zurück an meinen Platz und sehe, daß auch Jörg zur Mitte geht und in den Lichtstrahl tritt.

Schließlich gehen wir zurück nach Tiphareth. Als wir zurückkommen, ist uns kaum nach Reden zumute, so erfüllt sind wir.

Der weiße Strahl ist der Segen Kethers, die Essenz Binahs, die die Menschen hier für den Eintritt nach Binah segnet, d.h. die Menschen erleben hier, daß nichts in unserer Welt wirklich voneinander getrennt ist, und können deshalb nach Binah eintreten.

Der dunkle Gang sind die Dinge, so wie sie sind (Binah), nur werden sie hier noch als etwas Fremdes erlebt, das die Seele (Tiphareth) behindert und einengt. Allmählich löst sich diese Illusion eines Widerspruches zwischen Willen (Tiphareth) und Schicksal (Binah) auf und man erkennt, daß man vom Schicksal wie von einer Mutter getragen und beschützt wird und daß alles, was geschieht, stets das Bestmögliche ist, was geschehen kann.

3.   Der Pfad von Tiphareth nach Chokmah

Wir begannen in Tiphareth. Hinter dem Tor zu dem 28. Pfad, der nach Chokmah führt, war ein Gang durch eine Höhle in Felsen, worüber wir uns ein wenig wunderten. Nach einer Weile verwandelte sich der Felsen in Nebel, nur der Boden der Höhle blieb aus Felsen. Dann lichtete sich der Nebel und wir sahen, daß wir auf einem Grat entlangwanderten, der schließlich endete – nach allen Seiten fielen die Felsen steil hinab.

Jörg: „Wie geht es hier weiter?"

Harry: „Sollen wir um Hilfe bitten auf dem Weg nach Chokmah?"

Jörg: „Ja, das ist wohl am sinnvollsten."

Da kamen bereits zwei Vögel, genauer gesagt, ein Falke, der zu Jörg flog und ein Flugsaurier, der vor mir landete. Ich mußte an meinen Skorpion-Saturn im zweiten Haus denken – da gerät alles ein bißchen groß und solide. Der Falke und der Flugsaurier luden uns ein, auf ihre Rücken zu steigen, was wir dann auch taten.

Dann flogen sie mit uns in die Höhe, immer weiter empor. Schließlich erreichten wir die Wolken und stiegen auch in ihnen immer höher hinauf, bis wir schließlich den Raum oberhalb von ihnen erreichten, der das Weltall war. Und immer weiter stiegen wir hinauf, bis wir schließlich eine Art Wolkenbank im Weltall erreichten, auf der ein großer, weißer Thron stand. Dort auf der Wolke setzten uns die beiden „Vögel" ab.

Wir dankten ihnen, und als wir sahen, daß sie fortfliegen wollten, frugen wir, wie wir denn wieder zurückkommen sollten.

Da verwandelten sie sich in zwei Männer, lachten und sagten, daß wir das schon selber könnten.

Harry: „Wer seid ihr?"

Mann: „Wir waren auch Menschen und nun sind wir hier und helfen anderen Menschen."

Jörg: „Warum lacht ihr soviel? Ihr habt auch bei dem Flug schon immer wieder gelacht."

Mann: „Wie sollten wir ohne Lachen das aushalten, was ihr in euren Leben aus eurer Wahrheit macht?"

Beide Männer lachten wieder und flogen davon.

Wir standen vor dem Thron und frugen uns, was wir tun sollen – es war, als würden wir vor einem großen Haus stehen, so groß ist der Thron. Wir kommen uns ein wenig klein vor, so wie Kinder, die mit den Stühlen der Erwachsenen spielen. Schließlich setze ich mich auf den Thron – das scheint in Ordnung zu sein. Alles fühlt sich ruhig und klar und vor allem eindeutig an. Nach einer Weile steige ich wieder hinab und Jörg setzt sich auf den Thron. Schließlich fliegen wir als Menschen wieder durch die Wolken zurück zu dem Felsengrat.

Die wichtigste Erkenntnis auf diesem Pfad für uns war, daß Entschiedenheit und Humor offenbar zusammengehören – so wie man dies ja auch bei allen Weisen findet. Die andere Erkenntnis war, daß wir beide offenbar noch nicht die Einsgerichtetheit dieses Pfades erreicht haben – nicht als Vorstellung in uns und schon gar nicht in unserem konkretem Leben. Aber es war auf einmal selbstverständlich, daß es diese Qualität ist, um die es geht, und aus der heraus zu leben das einzig Sinnvolle ist.

4.   Traumreise nach Chokmah

Wir kommen über den 14. Pfad von Binah nach Chokmah hinein. Dort ist nur eine einzige Vision, aber die ist überwältigend: wir stehen inmitten eines unbeschreiblichen Lichtsturmes – Wirbel und Windböen aus gleißendweißem Licht, die um uns herbrausen.

Anschaulicher kann man das Prinzip der ungehinderten Expansion von Chokmah eigentlich gar nicht mehr erleben. Dies entspricht dem Prinzip der von „0" ins Unendliche hinausreichenden Koordinatenachse, dem inflationären Weltall, also der Ausdehnung des Weltalls mit einem Vielfachen der Lichtgeschwindigkeit kurz nach dem Urknall, und es entspricht der Zuordnung der Photonen zu Chokmah in dem Lebensbaum der Physik, und nicht zuletzt ist es eine schöne Illustration dessen, was mit Ekstase gemeint ist.

X Zusammenfassung

Nun, dieses Buch ist zunächst einmal nur der Versuch, die Übereinstimmaug von Drogen-Erlebnissen mit Meditations-Erlebnissen und teilweise auch mit mit Erlebnissen aus der Magie zu beschreiben.

Es scheint kein Drogen-Erlebnis zu geben, das nicht auch aus Meditation und Magie bekannt ist – andererseits gibt es aber durchaus Erlebnisse in der Meditation und vor allem in der Magie, die von Drogen nicht bekannt sind (Schutzkreise, Ereignisse herbeirufen, Beibehaltung der Souveränität während veränderter Bewußtseinszustände usw.). Das bedeutet natürlich nicht, daß Meditation und Magie den Drogen prinzipiell überlegen sind – das, was man am sinnvollsten tut, hängt immer davon ab, was man erreichen will.

In welcher Form diese Betrachtungen auch konkret angewandt werden können, kann zunächst einmal nur vermutet werden. Vermutlich wirken die verschiedenen Möglichkeiten der Kombination von Drogen und Meditation/Magie bei jedem Menschen etwas unterschiedlich, auch wenn es grundlegende Übereinstimmungen geben wird. Da muß letztlich jeder noch einmal für sich prüfen, ob eine Möglichkeit für ihn paßt und funktioniert oder nicht. Auch die Bandbreite der Schwerpunkt-Setzung zwischen „nur Drogen" und „nur Meditation/Magie" ist ausgesprochen breit.

Es gibt eine ganze Reihe von möglichen Anwendungen der in diesem Buch angestellten Betrachtungen und Ergebnisse:

- Eventuell können Meditationen durch Drogen gefördert werden.

- Dasselbe ist auch in der Magie denkbar, aber unwahrscheinlicher, da dort eine hohe Konzentration des Willens und der Vorstellung (Imagination) notwendig ist, was beides durch Drogen eher behindert als gefördert wird.

- Es ist denkbar, daß es noch mehr Rituale gibt, die durch Drogen effektiver gestaltet werden können als die, die bereits von den entheogenen Drogen her bekannt sind. Dabei unterstützen die Drogen jedoch nicht das Ritual, sondern das Ritual gibt den Drogen einen Rahmen und eine klare Ausrichtung. Die Form der Zusammenarbeit von Drogen und Ritual ist bei den Entheogenen also recht deutlich: Das Ritual unterstützt die Drogen-Wirkung.

- Es ist recht wahrscheinlich, daß der Vergleich der Wirkung von Meditationen und Magie mit der Wirkung von Drogen vielen Menschen helfen könnte, beides und somit auch die eigenen Erlebnis-Möglichkeiten besser zu verstehen.

- Die Übereinstimmung von Drogen-Erlebnissen und Meditations/Magie-Erlebnissen sollte eigentlich auch eine Möglichkeit bieten, mit Drogen bewußter umzugehen und ihr Wirken besser einzuschätzen.

- Der Vergleich der Wirkung von Drogen mit der Wirkung von Meditation und Magie-Ritualen ermöglicht es, die Drogen besser in einem spirituellen Weltbild einordnen zu können.

- Dieses tiefere Verstehen der Wirkungen von Drogen und Meditationen bzw. Magie könnte es ermöglichen, den Gebrauch von Drogen teilweise oder ganz durch Meditationen und Rituale zu ersetzen. Eine solche Möglichkeit ist vor allem dort wünschenswert, wo Abhängigkeiten von Drogen oder andere Nebenwirkungen aufgetreten sind.

Ob eine Drogensucht durch Meditationen und Rituale geheilt werden kann, muß zwar erst noch erforscht werden, aber es scheint zumindestens eine reale Möglichkeit zu sein.

Falls die Betrachtungen in diesem Buch die eine oder andere Tür zu einem bewußteren und effektiveren Umgang mit Drogen oder zu einer Bereicherung des eigenen Erlebens durch Meditationen und Magie führen sollte, wäre mir das eine große Freude.

Bücher von Harry Eilenstein

- The Synthesis of Physics and Magic (192 p.)	- Money Magic for Beginners (60 p.)
- Telepathy for Beginners (60 p.)	- Magic Objects for Beginners (64 p.)
- Telepathy for Advanced Learners (52 p.)	- Shamanism for Beginners (52 p.)
- Telekinesis for Beginners (56 p.)	- Chakra-Magic for Beginners (148 p.)
- Life Force for Beginners (76 p.)	- Language of the Moon – for Beginners (128 p.)
- Kundalini for Beginners (104 p.)	- Self Knowledge for Beginners (60 p.)
- Astral Projection for Beginners (60 p.)	- Da'ath-Magic for Beginners (64 p.)
- Meditation for Beginners (60 p.)	- Astrology for Beginners (112 p.)
- Prophecy for Beginners (60 p.)	- Number Symbolism for Beginners (64 p.)
- Ritual Magic for Beginners (64 p.)	- Mandalas for Beginners (76 p.)
- Magic Chant for Beginners (108 p.)	- Crop Circles for Beginners (344 p.)
- Invocations for Beginners (52 p.)	- Feng Shui for Beginners (96 p.)
- Evocations for Beginners (62 p.)	- Magic Research for Beginners (140 p.)
- Auto-Movement for Beginners (60 p.)	
- Elves for Beginners (56 p.)	- Magic for Beginners – Anthology I (636 p.)
- Hypnosis for Beginners (56 p.)	- Magic for Beginners – Anthology II (616 p.)
- Love Magic for Beginners (52 p.)	- Magic for Beginners – Anthology III (684 p.)
	- Magic for Beginners – Anthology IV (580 p.)

Religion allgemein
- Die sieben Schritte des Lebens (428 S.)
- Muttergöttin und Schamanen (168 S.)
- Totempfähle (440 S.)
- Der Urriese (168 S.)

Jungsteinzeit
- Göbekli Tepe (472 S.)
- Die Göttin von Göbekli Tepe (144 S.)

Ägypten
- Hathor und Re 1: Götter und Mythen im Alten Ägypten (432 S.)
- Hathor und Re 2: Die altägyptische Religion – Ursprünge, Kult und Magie (396 S.)
- Isis (508 S.)

Christentum
- Christus (60 S.)
- Die Biographie des Teufels (144 S.)

Indogermanen
- Die Entwicklung der indogermanischen Religionen (700 S.)
- Wurzeln und Zweige der indogermanischen Religion (224 S.)

Griechen
- Pan (336 S.)
- Poseidon (668 S.)

Inder
- Dakini (80 S.)
- Vajra (76 S.)

Germanen
- Die Götter der Germanen (87 Bände – siehe nächste Seite)
- Odin (300 S.)

Kelten
- Cernunnos (690 S.)
- Taliesin (228 S.)
- Der Kessel von Gundestrup (220 S.)
- Der Chiemsee-Kessel (76)

Psychologie
- Über die Freude (100 S.)
- Das Geheimnis des inneren Friedens (252 S.)
- Das Beziehungsmandala (52 S.)
- Gefühle und ihre Verwandlungen (404 S.)
- einsgerichtet (140 S.)
- Liebe und Eigenständigkeit (216 S.)
- Von innerer Fülle zu äußerem Gedeihen (52 S.)

Heilung
- Die Symbolik der Krankheiten (76 S.)

Kunst
- Herz des Tanzes – Tanz des Herzens (160 S.)

Drama
- König Athelstan (104 S.)

„Magie für Anfänger"

- Telepathie für Anfänger (60 S.)
- Telepathie für Fortgeschrittene (52 S.)
- Telekinese für Anfänger (52 S.)
- Lebenskraft für Anfänger (60 S.)
- Meditation für Anfänger (56 S.)
- Kundalini für Anfänger (100 S.)
- Hypnose für Anfänger (56 S.)
- Auto-Movement für Anfänger (56 S.)
- Chakra-Magie für Anfänger (148 S.)
- Astralreisen für Anfänger (56 S.)
- Astrologie für Anfänger (120 S.)
- Silberschnüre für Anfänger (52 S.)
- Ritual-Magie für Anfänger (56 S.)
- Mandalas für Anfänger (68 S.)
- Geldzauber für Anfänger (56 S.)
- Liebeszauber für Anfänger (52 S.)
- Invokationen für Anfänger (52 S.)
- Evokationen für Anfänger (60 S.)
- Geister für Anfänger (52 S.)
- Elfen für Anfänger (56 S.)
- Magie-Forschung für Anfänger (140 S.)
- Selbsterkenntnis für Anfänger (52 S.)
- Drogen-Kabbala für Anfänger (216 S.)
- Zahlensymbolik für Anfänger (60 S.)
- Die Sprache des Mondes – für Anfänger (116 S.)
- Zaubergesänge für Anfänger (100 S.)
- Zukunftschau für Anfänger (60 S.)
- Schamanismus für Anfänger (52 S.)
- Magische Gegenstände für Anfänger (68 S.)
- Da'ath-Magie für Anfänger (64 S.)
- Kornkreise für Anfänger (348 S.)
- Feng Shui für Anfänger (96 S.)
- Magie für Anfänger – Sammelband I (696 S.)
- Magie für Anfänger – Sammelband II (664 S.)
- Magie für Anfänger – Sammelband III (580 S.)

„Traumreisen"

- Traumreisen zu Heilpflanzen (700 S.)

Eilenstein, Frater V.D., Knecht, Büdenbender

- Magie heute – Berichte aus der Praxis (288 S.)
- Living Magic (261 p.)

Magie

- Handbuch für Zauberlehrlinge (408 S.)
- Tarot (104 S.)
- Physik und Magie (184 S.)
- Die Synthese von Physik und Magie (200S.)
- Die Magie-Formel (156 S.)
- Krafttiere – Tiergöttinnen – Tiertänze (112 S.)
- Schwitzhütten (524 S.)
- Mythen und Magie der Harfe (116 S.)

Meditation

- Der Lebenskraftkörper (230 S.)
- Die Chakren (100 S.)
- Das Chakren-System mit den Nebenchakren (296 S.)
- Organe und Chakren (64 S.)
- Die platonischen Körper in den Chakren (156 S.)
- Meditation (140 S.)
- Drachenfeuer (124 S.)
- Kundalini I (676 S.)
- Kundalini II (672 S.)
- Reinkarnation (156 S.)
- einsgerichtet (140 S.)

Astrologie

- Astrologie (496 S.)
- Photo-Astrologie (428 S.)
- Die astrologischen Aspekte (88 S.)
- Horoskop und Seele (120 S.)

Kabbala

- Kursus der praktischen Kabbala (150 S.)
- Eltern der Erde (450 S.)
- Blüten des Lebensbaumes:
  - Die Struktur des kabbalistischen Lebensbaumes (370 S.)
  - Der kabbalistische Lebensbaum als Forschungshilfsmittel (580 S.)
  - Der kabbalistische Lebensbaum als spirituelle Landkarte (520 S.)

Büdenbender, Eilenstein

- Chaos, Alk und Magic (244 S.)

Die Themen der 87 Bände der Reihe „Die Götter der Germanen"

1. Die Entwicklung der germanischen Religion
2. Lexikon der germanischen Religion
3. Der ursprüngliche Göttervater Tyr
4. Tyr in der Unterwelt: der Schmied Wieland
5. Tyr in der Unterwelt: der Riesenkönig Teil 1
6. Tyr in der Unterwelt: der Riesenkönig Teil 2
7. Tyr in der Unterwelt: der Zwergenkönig
8. Der Himmelswächter Heimdall
9. Der Sommergott Baldur
10. Der Meeresgott: Ägir, Hler und Njörd
11. Der Eibengott Ullr
12. Die Zwillingsgötter Alcis
13. Der neue Göttervater Odin Teil 1
14. Der neue Göttervater Odin Teil 2
15. Der Fruchtbarkeitsgott Freyr
16. Der Chaos-Gott Loki
17. Der Donnergott Thor
18. Der Priestergott Hönir
19. Die Göttersöhne
20. Die unbekannteren Götter
21. Die Göttermutter Frigg
22. Die Liebesgöttin: Freya und Menglöd
23. Die Erdgöttinnen
24. Die Korngöttin Sif
25. Die Apfel-Göttin Idun
26. Die Hügelgrab-Jenseitsgöttin Hel
27. Die Meeres-Jenseitsgöttin Ran
28. Die unbekannteren Jenseitsgöttinnen
29. Die unbekannteren Göttinnen
30. Die Nornen
31. Die Walküren
32. Die Zwerge
33. Der Urriese Ymir
34. Die Riesen
35. Die Riesinnen
36. Mythologische Wesen
37. Mythologische Priester und Priesterinnen
38. Sigurd/Siegfried
39. Helden und Göttersöhne
40. Die Symbolik der Vögel und Insekten
41. Die Symbolik der Schlangen, Drachen und Ungeheuer
42.a Die Symbolik der Herdentiere I
42.b Die Symbolik der Herdentiere II
43. Die Symbolik der Raubtiere
44. Die Symbolik der Wassertiere und sonstigen Tiere
45. Die Symbolik der Pflanzen
46. Die Symbolik der Farben
47. Die Symbolik der Zahlen
48. Die Symbolik von Sonne, Mond und Sternen
49.a Das Jenseits I – Das Hügelgrab
49.b Das Jenseits II – Der Jenseitsweg
50. Seelenvogel, Utiseta und Einweihung
51. Wiederzeugung und Wiedergeburt
52. Elemente der Kosmologie
53. Der Weltenbaum
54. Die Symbolik der Himmelsrichtungen und der Jahreszeiten
55.a Mythologische Motive I
55.b Mythologische Motive II
56. Der Tempel
57. Die Einrichtung des Tempels
58. Priesterin – Seherin – Zauberin – Hexe
59. Priester – Seher – Zauberer
60. Rituelle Kleidung und Schmuck
61. Skalden und Skaldinnen
62 Kriegerinnen und Ekstase-Krieger
63. Die Symbolik der Körperteile
64.a Magie und Ritual I
64.b Magie und Ritual II
64.c Magie und Ritual III
65. Gestaltwandlungen
66.a Magische Angriffs-Waffen
66.b Magische Verteidigungs-Waffen
67. Magische Werkzeuge und Gegenstände
68. Zaubersprüche
69. Göttermet
70. Zaubertränke
71. Träume, Omen und Orakel
72. Runen
73. Sozial-religiöse Rituale
74. Weisheiten und Sprichworte
75. Kenningar
76. Rätsel
77. Die vollständige Edda des Snorri Sturluson
78. Frühe Skaldenlieder
79.a Mythologische Sagas I
79.b Mythologische Sagas II
80. Hymnen an die germanischen Götter